我与查韦斯

一位中国大使的深情回忆

王　珍◎著

世界知识出版社

悼乌戈

王　珍

君本寒门一草根，
一生奋斗为平民。
不畏强权树旗帜，
天下何人不识君。

缘何好人不长寿？
我恨苍天亦偏心。
事业未竟身先死，
长使朋辈泪沾襟。

雪中送炭者阳刚

——序王珍《我与查韦斯》

在49年的外交生涯中，我认识两位王珍同志。一位是我在外交部新闻司做科员时的副司长王珍。她是抗战时入党的干部，常教导我搞外交也是为老百姓干活，好好干。逢年过节，她和老公韩念龙副外长请家在外地的干部到家里聚餐，总先声明：多吃，用的是自家的钱……另一位便是本书作者王珍。他曾和我一起在解放军大学校锻炼，出任代表国家、全国人大常委会和国家元首的“特命全权大使”后，仍不忘自己是农家孩子，永远感激老百姓。他学习好，工作好，为祖国结交了许多坚持一个中国立场、支持我和平发展的朋友，委内瑞拉前总统查韦斯便是其中之一。

我有幸两次近距离与查韦斯接触，包括本书提到的他盛情款待江泽民主席那次。我记得，查韦斯主张执政为民，在国内问题上多替弱势群体着想，在国际上多为自己的祖国和其他拉丁美洲国家着想，而且随时随地勇于为广大发展中国家仗义执言，敢于批评不合理、不民主的国际政治、经济和舆论秩序，不怕威胁。这常令我联想到几大文明古国传统中那种不嫌贫爱富、不欺软怕硬、乐于雪中送炭者的阳刚之气。

以上是我对查韦斯阁下大而化之的印象。要更全面地了解他，最好看看他的中国莫逆之交、忘年之友——王珍阁下这本札记。这种兼具公开性和个性化的作品不可多得，读一读会有益于更客观地认识其中涉及的人情和国情，还有益于更深刻地洞察国际大局。我感谢王珍校友，感谢世界知识出版社。

2013年8月12日率中国东盟中心代表团北京飞曼谷泰航班机上。

序　二

数月前王珍大使告诉我，他正根据实时实地的记录资料写一本《我与查韦斯》的书，并请肇星和我为之写序。我向王珍大使要来肇星的序言稿，不说先睹为快，主要还是想借鉴借鉴，未料捧读之后，竟觉此书有享誉中外的诗人外交家李肇星作序足矣，我再补一序岂非画蛇添足？！

我虽然在外交部领导岗位工作长达六年之久，却从未去过拉丁美洲，更无缘与查韦斯谋面。近几年我担任中国国际问题研究基金会的领导工作，在基金会资金捉襟见肘，人才极度短缺的时刻，我有幸结识王珍大使并聘请他担任副理事长兼秘书长。相处几年，常常听他深情回忆他出使委内瑞拉期间与查韦斯总统的工作接触和个人交往。2012年9月，我率智库代表团访问拉美，王珍大使为代表团秘书长。我们访问了巴西、阿根廷、智利，最后一站是委内瑞拉。我观察到，代表团到达加拉加斯，一踏上委国土地，王大使便十分兴奋、激动，就像回到了阔别已久的家乡。在我们从机场驱车去酒店的途中，王大使便滔滔不绝地向我介绍委国国情，其中不乏对当时在古巴治病的查韦斯总统的赞誉和钦佩。王大使指着车窗外远处的簇簇灯火，问我印象如何，我说很像香港的维多利亚湾。王大使感慨地告诉我，这是委国首都山坡上的一个大贫民窟，“夜里看像香港，白天看像砖场！”接着，他向我们介绍了查韦斯的社会主义治国理念，他关心民众，特别是贫困阶层的生活疾苦。次日，委国外交部安排我们参观了贫民居住区和一个社会主义服务站。王珍大使和我走进一家民居，他用娴熟的西班牙语同六十多岁的家庭主妇交谈大约十分钟，我们告别时，那位老妇人热泪盈眶，依依惜别，与王大使热烈拥抱。这一场景令我十分感动，使我对王大使在外交工作中的交友能力十分钦佩，也促使我对民间外交，公共外交有了更深层的体验和认识。从委内瑞拉回来，我们代表团的老大使、学者和专家对中国和拉美国家的关系，特别是中委关系，提出了许多新的看法和重要建议。

想到这里，在王珍大使的一再坚持和催请之下，我再也没有理由拒绝了。更重要的是，《我与查韦斯》是一本基于丰富外交实践的个性化真实记录，亲切感人，并能激发读者对何谓现代外交，外交官应具有怎样的气质和才干等问题积极思考，实为不可多得。

中国国际问题研究基金会名誉理事长

张　德　广

2013年11月21日于北京

自序

许多朋友问我同一个问题：你的外交生涯40多年，期间常驻非洲、欧洲、拉丁美洲三大洲五个国家工作21年。从“官方外交”开始，以“民间外交”结束，出入庙堂殿阁之上，应对觥筹交错之间。阅历可谓深矣，交友可谓广也。回首往事，哪段经历最难忘？哪位人物给你留下最深刻的印象？

我答曰：出使委内瑞拉的经历最难忘，它给我的外交生涯画上了一个接近圆满的句号；乌戈·查韦斯给我留下了永远难忘的印象。

近年来，查韦斯的名字响彻全球。生，轰轰烈烈；死，惊天动地。爱他者，奉他为英雄；恨之者，视其为妖魔。纵观世界风云人物，褒贬不一如他者实为鲜见。但无论是友是敌，都承认他是拉美左翼政治力量的代表人物。他代表着一种政治思潮，也代表着拉美政治史上一个时代。我出使委内瑞拉三年，与他有过多次亲密接触，频率之高，相知之深，远远超过一般意义上一国元首与一个外国使节的关系。归根结底，这是那个时期中委关系的反映。

时至今日，他的一颦一笑，一言一行，宛如昨日，历历在目。他在世时，许多事情不好写。如今他已故去，其人其事应当被人们所认识。作为老外交官，我有责任把我经历过的那段历史的记录公之于众；作为朋友，我有义务根据自己的切身体会，把一个有血有肉，真实可信的查韦斯介绍给公众，无论他们对他如何评价。

于是，我终于下定决心，把我出使委内瑞拉期间与查韦斯的接触及所见所闻整理出来，定名《我与查韦斯：一位中国大使的深情回忆》，以飨读者，以怀故人。

目录

第一章　初　识

为国交友是外交官的天职。结识乌戈·查韦斯是我的外交生涯中难忘的经历。

2000年6月，蒙得维的亚（乌拉圭）。接国内通知：决定我调任委内瑞拉，同时，任命霍淑珍为驻乌拉圭东岸共和国特命全权大使。

乌拉圭是一个好地方，好到世界上难寻的地步：气候好，自然条件好，全国就像一个大牧场，遍地牛羊，地大人少，从不知自然灾害为何物。国民生活水平高，整体素质也高；贫富差距小，与其他拉美国家形成鲜明对照。

这是一个和平的国度，一个几乎是与世无争、远离尘嚣、国内秩序井然的“世外桃源”。虽然与中国建立外交关系很晚（1988年），但目前对华非常友好。

我在任一年半，未敢有丝毫松怠；虽无重大建树，但在推动两国各领域友好合作关系方面也动脑动手，有声有色。在即将离任之际，如果说要对国内和继任者有所交代的话，我认为应扩大双边交往的渠道，改变两国关系“系于一毛”的状态：羊毛是乌拉圭主要出口产品，中国是乌拉圭羊毛最大进口国，这是无法改变的事实，但中乌关系不能止于羊毛，否则路子会越来越窄。

我在离任报告中要写出这一条。“羊毛大使”是鼓励，也是批评啊！

委内瑞拉是个怎么样的国家？不甚了了。“出美女，产石油，亲美国，多腐败”——这不会是全部。据说现任总统乌戈·查韦斯是一位很有特色的政治家，对华十分友好，这对于我未来的工作可能是最有利的因素。

10月26日，北京。准备启程赴任。晚，唐家璇外长亲自打电话来送行，并嘱：委内瑞拉是一个很重要的国家，查韦斯总统在对外政策方面强调独立性，引起各方面关注；到任后要抓紧了解情况，积极开展工作，严格执行政策。

带着这样的嘱托赴任，心里踏实。

10月30日，经过4天奔波，安抵加拉加斯。着陆时已是午夜。降落前鸟瞰加拉加斯市，但见万家灯火，辉煌灿烂，城市四周是一片灯的海，火的山，是一道美丽的风景线。

委内瑞拉外交部典礼处处长和使馆党委全体成员、各部门负责人及中资公司、侨界代表等数十人在机场等候，极为热情。典礼处长代表委内瑞拉外交部表示欢迎履新之意，并盛赞两国关系。侨领们表示希望新大使继续关注华侨华人的切身利益，解决合法居留、就业等实际问题。

从机场进城途中，司机张师傅一路介绍，初解了空中所见“灯火辉煌”之谜：原来加拉加斯周围山腰上居住着来自外省和哥伦比亚等邻国的打工者、流浪者近百万。这里人口稠密、脏乱差险，连警察都不敢轻易进入，遑论城管。啊，好一道“美丽的风景线”，原来是不堪入目的贫民窟！这大概就是过去从书上看到的拉美巨大贫富差别的写照吧！

一定要找时间好好看一看加市的城乡结合部，认真领略一下“新自由主义”发展模式孕育的“怪胎”。

10月31日，长途颠簸，颇有乏意，但心绪难平。天色刚亮，闻窗外鸟鸣，花香阵阵，扑面而来，空气格外清新。闲庭信步，但见官邸院落不大，房屋、平台、草坪、花园错落有序，花草树木搭配和谐；游泳池小巧玲珑，清澈见底。可见我的前任们为营造一个良好的对外活动环境而费了不少苦心。

官邸居高临下，坐落于约500米外的使馆办公楼一览无余。见五星红旗高高飘扬，一股暖流涌上心头。祖国啊，早安！我肩负重任，持节驻外，当殚精竭虑，尽职尽责。

虽头晕目眩，但精神尚好。

自今日起，开始履行我在委内瑞拉的使命。

一

强调“实事求是”。我觉得对驻外机构和外交官来说，“实事求是”尤其重要。因为我们是“尖兵”，是眼睛，必须“摸”清情况，“看”到实质，作出准确判断，如实报告国内，提出可行建议。关键在一个“实”字，掺不得半点假，甚至也不能主观臆断，否则贻害国家利益，那是最大的失职。

我一向坚持实事求是，也想使我领导的单位成为实事求是的模范。一个领导者，如果不能把自己优秀的品格在所领导的单位（不管大小和高低）刻下深深的印记，就不是一个好的领导者。

二

会见委内瑞拉新任驻香港总领事。职业外交官，略懂汉语，态度友好。我介绍香港回归以来的有关情况，对方听得很认真，偶有提问。

三

经贸关系是双边关系的重要组成部分。中委经济技术合作，项目不少，尤以中石油投资开发马拉开波和英特甘博油田为最大。

四

向兰赫尔外长递交国书副本，礼节如仪，交谈甚欢。这是一位颇有学者风度的长者，银发白须，仪表堂堂。我转达唐家璇外长的问候，并与其就双边关系和共同关心的问题交换了意见。兰赫尔称，查韦斯总统视中国为最友好的国家，高度重视两国关系，这是有着牢固思想基础的。查韦斯总统倡导的“玻利瓦尔革命”以为劳苦大众服务为宗旨，以消除贫富差距、建立社会公正为目标，与中国革命有许多相似之处。总统一定会经常和大使深入讨论许多问题，特别是要学习中国革命和建设的经验。

开了个好头，为将来与查韦斯总统和委内瑞拉政府高层的接触作了铺垫。看来我今后的工作将不止是一般的交往应酬等具体事务，而且将是“理论与实践”的结合。

五

古巴国务委员会主席菲德尔·卡斯特罗正在委内瑞拉访问，查韦斯给予极高规格的接待，全程陪同，所到之处皆组织上千人的群众集会热烈欢迎，官方媒体称卡斯特罗为“伟大的英雄”，查韦斯公开称卡斯特罗为“慈父般的朋友”。美国《华盛顿邮报》载文称查韦斯“可能会成为第二个卡斯特罗”，“企图向拉美输出左倾路线”。显然此文反映了美国对查韦斯政治走向的疑忌，但美国国务卿奥尔布莱特表示：“查韦斯是民选总统，与古巴绝不相同”，官方，媒体，一个唱红脸，一个唱白脸。

六

全馆聚餐，对我们表示欢迎。这就是将与我一起工作的队伍，我的同事和战友。

请君共进一杯酒，任重道远相扶携。

莫道长幼与“尊卑”，同是中华外交人。

七

驱车150公里赴委内瑞拉第二大城市瓦伦西亚出席侨领冯永贤之子婚礼。仪式在当地华侨集资共建的“中华会馆”举行，会馆规模可观，建筑宏伟，可见此处侨胞颇具实力。侨胞极为热情，争相握手并拍照留念。相机与侨领们座谈，意深沉，情切切，他们视我为祖国代表，毕竟手足情深啊！

顺访中国农机公司分公司和山东寿光县派出的蔬菜项目小组。

八

宴请新任驻华大使蒙蒂利亚和夫人。外交部亚洲大洋洲司长等作陪。大使是现政权要人、农艺工程师、教授，查韦斯称之为“老师”。曾任农业部长，在农业、农村建设的研究方面颇有造诣，著作颇丰。席间谈及双边关系，蒙蒂利亚显得雄心勃勃，很想有一番作为，对推动两国经济技术合作充满信心，尤其希望中委在开发落后地区和发展农业方面开展交流与合作。

查韦斯选择这样一位驻华大使，其重视对华关系的程度可见一斑了。

九

2000年11月6日，递交国书，初识查韦斯。

向查韦斯总统递交国书。夜间大雨滂沱，晨起阳光灿烂，天空湛蓝如洗，令人心情舒畅。抵委内瑞拉第8天即能安排递交国书，应当算是“高速度”了。过程简捷，仪式朴实：典礼处长携礼宾车奉迎，车挂两国国旗，去时罩住，回程展开。总统府（观花宫）庄严简朴，少豪华气；卫兵持枪行礼，礼宾司长迎候如仪。我与法国、伊朗、印度大使同日参礼，按抵达时间排序，法、伊两位已等候二周，印度大使与我同日抵委，但航班略早，先我“落地”，故排在我前。礼仪时间以分秒计算，我进入总统府时印度大使正在仪式中，我被安排在“玻利瓦尔厅”暂候。厅内摆放着“南美解放者”、委内瑞拉“国父”西蒙·玻利瓦尔半身塑像，年轻英武，令人起敬。

11时整，礼宾司长将我引入“大使厅”。兰赫尔外长、总统府秘书长、副外长等已在厅内等候。进得门来，只见魁梧、健壮的查韦斯总统满面笑容，一阵风似的快步迎上前来，稍一握手，即热烈拥抱，我感到了这位总统浑身散发的热情与活力。他有力的双手拍打着我的背膀，口中叫着：“埃尔马诺！埃尔马诺！”（西班牙语：兄弟！兄弟！）。此种气氛，如此亲情，岂不动容！我回敬道：“谢谢您，总统先生！”

侧立两旁的委内瑞拉国官员和使馆主要外交官也被眼前的场面所感染，热烈鼓掌致意。良久，总统松开双臂，我整理一下西装领带，肃然端立，循外交惯例致辞：“总统阁下，我荣幸地向您递交江泽民主席委任我为中华人民共和国驻委内瑞拉玻利瓦尔共和国特命全权大使的国书。”查韦斯总统接过国书，微笑作答，引我入座。

正式谈话是在查韦斯和我的“窃窃私语”中进行的。我首先转达了江泽民主席和中国其他领导人对总统的问候，表达了我本人对委内瑞拉人民和总统本人的敬意和亲近之情，表示我将竭尽全力推动两国友好合作关系的进一步发展。查韦斯说：“江泽民主席把你派来当大使，一定是因为你很出色，委内瑞拉和中国不是一般的友好国家，而是兄弟之邦。委中关系是南南合作的典范，是两个独立国家之间的平等合作，与美国和拉美国家的关系完全不同”，“我希望同大使保持密切的联系和经常的沟通，一种家庭式的关系”。

礼有时限，双方言简意赅。拥别后，查韦斯指示总统府军事办公室主任尽快与我约定时间“长谈四五小时”。返馆路上典礼处长感慨地说，他多次参加递交国书仪式，但如此亲切友好“实为鲜见”。

日有感触，夜不能寐，书房静思。外交官走南闯北，驻在国对华政策各不相同。做到不畏艰险并不难，难的是切忌情绪化。在任何情况下，都坚持实事求是，冷静观察，沉稳应付，忠实贯彻有关政策，一切以维护国家利益为准则。对方不友好，要做工作，去争取友好，该斗当斗，但要有理有利有节，不能事事斗，要斗而不破；对方友好，当因势利导，加以推动，造福两国，但要看到两国各有其利，当“亲而有度”。不以环境恶劣而慌乱冲动，不以环境友善而忘乎所以，这是一个驻外使节必备的品格和定力。

一〇

出席加拉加斯中华会馆盛大欢迎晚宴。首都华侨华人出席者甚众，其中长者乡音未改，但鬓毛已衰，年轻者多为二、三代，有的已不懂汉语。他们虽远在异乡为异客，但爱国之心拳拳，赤子之情切切，要为他们着想，为他们服务，这是外交人员的本分。

一一

与经商参赞及在委中资企业领导同志谈话。近年来中委贸易增速甚快，今年可达4亿美元；我国营、民营企业来委寻求商机者甚众，目前已站住脚跟的有18家，大到中石油、农机公司，小至山东寿光蔬菜公司；效益最好的当属中石油。该公司1997年进入委石油业，短短3年时间，已创下年产150万吨原油、产值7000万美元、净资金回流4000万美元的可观业绩，并以精湛的技术、先进的设备和不畏艰苦、敢打敢拼的作风“征服”了包括美国石油公司在内的同行，体现了中国石油人的“铁人精神”。其成就令人振奋，其精神令人感动。

企业负责人在谈话中逐一列举了在兴业过程中遇到的困难，促使我认真思考一个大问题：驻外使领馆，尤其是大使，应当把为走出国门，开始在国际商海中“学游泳”的中国企业提供服务和保护摆在什么位置上？外交是内政的延续，外交机构和人员是国家利益的代表者、体现者和维护者，当以为国家利益服务为已任，古今中外莫不如此。当代中国的最高国家利益，是建设有中国特色的社会主义，实现现代化，把综合国力搞上去。发展经济是硬任务，各行各业都要服务于经济建设这个中心，外交也不例外。因此，利用自己工作的特殊优势，为我国企业（包括国营和民营）所有符合国家利益而又不违反驻在国法规的利益服务，这是每个使节的分内之事，是我们履行职责的题中应有之意。当今世界趋向务实化，各国外交都愈来愈突出国家利益，没有只讲政治而不讲经济的外交，只靠空谈“友好”而没有经贸合作的支撑，“友好”是不能持久的。我在乌拉圭任职期间曾因着力推动进口乌产羊毛而被称为“羊毛大使”，获多方赞许。今后我将以石油为主兼顾其他，大力扶植我国企业在委发展，是否会被加上“石油大使”、“拖拉机大使”的“桂冠”？那是别人的事，而我，则将引以为荣。

一二

应巴基西梅托侨团“中华商会”和中国成套设备进出口总公司（“中成公司”）邀请访问巴市，与侨民见面，并视察“中成公司”承建的首期“社会住房”项目。

当地华侨约3000人，多经营超市、粮店、杂货店，为当地人民生活之必需，故有“中国人关店，巴市人无饭吃”之说。好在侨民生活无忧，与原居民相处较融洽，可虑之事不多。

旅委华侨华人约12万人，有中国血统人则无法统计。中国人最早抵委约在1850年左右，经150年繁衍，形成一个不小的群体。委内瑞拉为移民国家，外来种群甚多，华侨华人人数仅次于欧洲和拉美后裔，居第三位。如同在世界各地一样，这是一个和平、勤劳、总体上与世无争、政治上“老实本分”的群体，经济上实力不弱，但进入主流社会者寥寥。有半数为近20年来自大陆和其他国家而来的新侨，其他则为第二、三代华人。

“中成”住房项目正值试验阶段，首批75套已近竣工。此项目是查韦斯竞选时对贫苦民众的承诺：将建造100万套住房，以低价和贷款方式出售给低收入家庭，以实现“人人有饭吃，家家有房住”的目标。“中成公司”与委住房部签订了中方带资“试建”225套的合同，如达到要求，将陆续商签大单。目前所建是“样板”性质。75套在巴市郊外成为一个新的住宅小区，引人瞩目。统一设计，统一规格，单层住宅，三室一厅，内有小院。

一三

访问中石油委内瑞拉分公司总部，与全体中国员工见面。这是一支年轻化、专业化程度很高的队伍，朝气蓬勃。从总经理到总地质师、总会计师、部门经理，都是30—40岁的中青年人。奇迹般的业绩就是他们创造的。在他们遇到的诸多困难当中，在委内瑞拉居留签证问题困扰最大。委方规定，来自于委内瑞拉无政府间专门协议国家的劳务人员，每三个月即需到第三国办理签证手续后重新入境，逾期为非法。

此事需认真对待，与委方交涉，争取为我企业提供便利。

一四

接到国内指示：江泽民主席将于明年（2001年）4月出访委内瑞拉等拉美国家。

元首访问，头等大事，重中之重，容不得丝毫马虎与懈怠。准备和接待是一项涵盖政治、组织、礼宾、安全诸方面的系统工程，是对大使和使馆能力、水平、作风的全面考验。上靠国内指导，下靠全馆齐心协力，更要靠驻在国配合。必须提前抓，抓落实。

一五

出席中国首信集团与委内瑞拉中央大学关于承建校园网的合作意向签字仪式。这是一个前沿性的高科技项目，有利于我国信息工业产品出口，代表了中国出口结构变革的大方向，应予支持。但还只是“意向”，距变成现实还有很长的路。

一六

委内瑞拉玻利瓦尔等州沥涝成灾。与查韦斯总统通话，代表我国政府表示慰问。查韦斯表示感谢，并请转告江泽民主席：委内瑞拉人民将学习中国军民的精神，英勇奋斗，抗险救灾。

一七

出席使馆文化处与西蒙·玻利瓦尔大学联合举办的中国文化展览开幕式，发表到任后第一次公开讲话，评价两国关系，突出文化教育交流的重要作用。用西班牙语讲，听众（青年学生为主）反应热烈。展览规模不大，图片为主。大学生们认真观看，许多人围过来提出各种各样的问题，了解中国之心甚切。

此类活动应多办些，效果很好，有利于增进对中国的了解，这是推动两国关系的基础。

一八

到任招待会，委内瑞拉最高法院院长、总检察长、财政部长、外交部副部长、三军司令、驻委使节、各界人士、华侨代表等共300余人出席。气氛热烈友好。即席讲话表达履新求助之意。

一九

会见旅委侨界主要媒体之一《委内瑞拉侨报》领导成员。我强调华侨华人要融入当地社会，同时要爱国爱乡，团结互助，报业更应为此而努力，对方深表赞同。

二〇

继续到任拜会。近日来会见几位外国使节，就驻在国形势交换意见。他们都认为委内瑞拉目前投资环境不好，法制不健全，社会安全感差。

二一

会见委中商会领导成员，主席冯女士是巴拿马籍华人，委内瑞拉华侨首富，爱国侨领冯雪茂先生的长媳，精明干练。该商会在促进委中贸易方面发挥着积极作用。

二二

赴马拉凯市出席侨团活动，并拜会当地军政首脑。

马拉凯市距首都110公里，是京畿要塞，古兵家必争之地。委内瑞拉陆军精锐部队——机械化旅驻防于此，历任旅长皆为最受重用的“将星”。当多交往。

侨领冯雪茂家大业大，旅委60年乡音未改，乡情不变，德高望重，一呼百应。

二三

出席“全国文化奖”颁奖大会。查韦斯总统告本月内将约我“长谈”。

查韦斯讲话强调要把“玻利瓦尔革命”引向深入，必须进行“文化革命”，包括思想观念、道德理念、人际关系的重大变革，否则“革命”是不完善的。

他所倡导的“玻利瓦尔革命”究竟什么概念？“革命”的目标、纲领、步骤是什么？似乎还没有想清楚。“革命”得到贫困百姓拥护，但对一部分人（例如有钱人）来说，是否会有“惶惶然”之感？

见总统时要当面请教。

二四

会见古巴大使赫尔曼·桑切斯。他在委内瑞拉任职已八年，在使节中资格最“老”，对委内瑞拉情况极熟悉，与查韦斯总统及其他领导人关系甚密。桑切斯告，查韦斯曾就委中关系请教卡斯特罗主席，卡斯特罗说中国是最可靠的朋友，中国领导人是最优秀的革命者，古巴从中国得到了最真诚、最有效的物质援助和道义上的支持。卡斯特罗的话对查韦斯确定把发展同中国的全面合作关系置于委对外政策的优先地位起了重要作用。查韦斯特别看重中国在国际事务中的地位和影响，认为当今世界只有中国才能平衡美国的霸权主义政策造成的不合理的国际秩序，第三世界应当把中国视为天然盟友。他对中国在经济发展方面取得的成就十分钦佩，认为委内瑞拉应学习中国的经验，并决定把能源和农业作为同中国开展合作的重点领域。

听君一席话，胜读十年书。此次谈话裨益不小，佐证了我已有的一些印象。

二五

报载：在一些军营中出现反查韦斯的传单。查韦斯在向军队发表的讲话中要求军人“明辨是非”，“坚持战斗”，击退来自美国和哥伦比亚的反对委内瑞拉政府及他本人的“逆流”。

据各界友人分析，这是委内瑞拉军内“政治化”的表现。查韦斯安排许多亲信将领担任各部部长、副部长、国营企业总裁等要职。国家生活有“军事化”倾向，导致政界不满，军内亦因权力分配不均而怨言四起。

二六

连日来当地媒体连续报称：查韦斯通过会见玻利维亚、厄瓜多尔印第安人领袖，“支持动乱”，“干涉内政”，并“暗地支持”哥伦比亚反政府武装，引起三国政府不满，原拟近日举行的安第斯条约首脑会议被取消。玻利维亚总统府部长说班塞尔总统要求查韦斯“作出解释”。

兰赫尔外长对新闻界宣布：一名美国军官搜集“反委”情报被捕。他谴责国内国外有人“制造反查运动”。

风在动，树难静。反查倒查活动似有加剧之势。

二七

与查韦斯第一次同行。

与查韦斯同乘总统专机赴阿马古罗三角洲。农业部长、总统军事侍从室主任等随行。这是我到任后首次与总统单独同行，且采取巡视委内瑞拉最落后地区、实地考察未来中委合作场所之一的形式，意义非同一般。

旅途中，查韦斯总统与我单独交谈，极为融洽。他说：我对中国和中国人民的感情并非从当选总统以后开始，而是早已生成。从学生时代起，就仰慕光辉灿烂的中华文明；从军以后，开始接触毛泽东著作，仰慕逐渐变成渴望和追求。我不是共产主义者，但中国革命解放了世界上人口最多的国家，使亿万劳苦大众翻身做主人，恰是我所追求的目标。毛泽东、周恩来、邓小平是我最崇拜的领袖，江泽民是我心目中的兄长，中国是委内瑞拉的天然盟友和伙伴。同中国合作是我和我的政府坚定不移的方针。不管有人如何反对，这个方针绝不动摇。请大使把我对中国的感情和与中国合作的决心完整地报告江泽民主席和中国政府。

他特别回忆起，在他刚刚参加竞选活动，尚未得到很多人支持，在人们还对他当年领导政变心有余悸的时候，当时的中国大使刘伯鸣就多次主动邀请他到官邸做客，成为他的朋友。这是一种患难之交，给他留下了极其深刻的印象，使他体会到中国是真正的朋友。

语重心长，发自肺腑，真切之情，溢于言表，令人感动。我说："总统先生……"，查韦斯打断我说："在非正式场合，请你直呼'乌戈'[①]，我叫你'珍'，这样更亲切。"

专机着陆后，除检阅仪仗队的正式仪式外，他一直与我或牵手，或搭臂，亲密无间，并把我介绍给当地军政要员。

与查韦斯一起参加群众欢迎大会。落后的地区，贫困的农民，对查韦斯的感情发自内心，口号不断，拥抱不断，掌声如雷。早已听说查韦斯"亲民"，见到老百姓就"走不动路"，今日一见果不虚传：他见群众如亲人，不要警戒，不讲礼节，拥老人，亲青年，抱儿童。当场办公，为群众排忧解难。场面十分感人。

查韦斯是一个天才的演说家，逻辑严紧，思路清晰，深入浅出，生动活泼，引人入胜。从头到尾体现了他为平民着想、向不合理的制度挑战的思想和依靠百姓的战略。（他说："只要80%的人民支持，我们的政权就坚不可摧。"）

在返回首都途中，我们继续讨论关于两国合作的设想，约定以后经常交换意见。他叫来私人秘书，当场确定本月19日与我在总统府共进午餐，22日偕夫人到我官邸出席午宴，允届时将回答我关于"玻利瓦尔革命"的问题。

二八

出席华人教授陈其仪先生家宴。先生祖籍河南，现年73岁，早年留学法国、比利时，得经济学博士学位，40年前来委。曾任中央大学经济学教授，研究所所长，经济学院院长，桃李满天下，在委学界颇有声望，是旅委华侨华人中学识

---

① 乌戈，查韦斯的教名。

最高的佼佼者。在加拉加斯市一富人小区有“豪宅”，花园洋房，开有一片菜地，老人闲暇种菜自乐。夫人为比利时裔，不失西方女性风韵，但与中国丈夫相濡以沫数十年，已颇有东方妇女贤妻良母底蕴。

二九

拜会全国代表大会[1]第一副主席、社会主义运动党总书记普奇。他建议中国派专家来委介绍改革开放的经验。此想法甚好。如能落实，有助于增进相互了解，消除此间对我国的某些误解，例如，中国强大了，可能“威胁”其国家利益等，且对委国制订经济发展战略可能有些参考价值。

三〇

中国人民解放军总参谋长傅全有上将访委。陪傅全有总长与查韦斯总统同乘专机前往罗卡岛，旅途40分钟，谈话极其亲切，查韦斯称之为“军人与军人之间战友式的交谈”。查韦斯重点讲了美国对委的包围和干涉意图及委军民不屈抗争的决心，并表示将坚定不移地密切同中国的合作，特别是在能源领域的合作，同时希望得到中国更大的支持。

在岛上四个小时，除谈话、午餐和陪同总统出席群众集会外已无空闲时间。这里有洁白的沙滩，如镜的海水，风光绮丽的加勒比海，难得一游啊！但来去匆匆，无暇观赏。总统临时决定在岛上过夜，专机留岛不飞，改派两架军用直升机送我和代表团返回首都。

回程中，直升机噪音轰鸣，加之谈话产生的沉重之感萦绕，一路无话。从舷窗望去，天边夕阳西下，一抹彩霞映入眼帘，陪衬着蓝天白云，别是一番美景；飞机下面是一望无际的大海，风平浪静，时而有船只驶过，一派和平气象。

但愿此景长在，世界永久安宁。

三一

与查韦斯共进午宴：畅谈家史。查韦斯约我共进午宴，地点在总统办公室楼上私人小餐厅。“二人世界”，无拘无束，自由交谈。

说是“午宴”，其实十分简单：两菜一汤，一冷一热：蔬菜色拉配四片鱼肠为“冷盘”，法式橘汁鸡为热菜，汤为奶油香菇汤。查韦斯笑道：“我的午宴虽无

---

① 委内瑞拉的国会称“全国代表大会”。

法和中国的宴会相比，但这对我来说已经十分奢侈了。我平时没有午餐时间，三杯咖啡，一包饼干足矣。”我答称：“作为大使，能与总统单独进餐即是最大荣幸；作为朋友，能与你促膝交谈，胜过任何美餐。”

谈话从个人经历开始，由浅入深，渐至思想观念的变化和人生道路的选择。查韦斯所谈如下：

我出身贫寒。父母都是小学教员。兄弟姐妹六人，我排行第二。中学时期开始读有关玻利瓦尔的书，深受其独立、民主、自由、公正思想的影响，尤其敬佩这位美洲解放者为建立一个统一的大拉丁美洲而奋斗终生的伟大理想和业绩。玻利瓦尔成为我心目中的英雄，他的思想是我追求的目标。

中学毕业后，由于家境贫困，不可能上大学。我当过苦力，卖过香烟水果，饱受鄙视和欺凌。因此，我自幼就对富人欺侮穷人的不平等现象极其不满，渴望着有朝一日能改变这种现象。为寻觅生计，17岁当兵，这是我人生道路的转折点。在军营中，我接触到来自全国各地、出身于不同社会阶层的同龄人和稍长于我们的青年军官。我们经常在一起议论人生，评说时政，畅想前途，自然而然地形成了志趣相投、追求进步的小团体。也就是在这个时候，我们读了许多“禁书”，其中包括毛泽东的军事著作，我立即被那伟大的思想和令人信服的哲理所吸引，真是相见恨晚，如饥似渴啊！毛泽东的“枪杆子里面出政权”和“军民鱼水情”的精辟见解有如指路明灯，我终生不忘。也是在那个时期，我结识了当时委内瑞拉共产党的领导人之一——布拉沃。在他的帮助下，我对社会不平等现象有了新的认识，但我并没有成为共产党人。

由于我体魄健壮，不怕吃苦，军事技术好，在士兵中有威信，而且又是出色的棒球击球手，我被选送军事学院，而且学业优良，年年得到嘉奖，很受长官赏识，毕业后授予中尉军衔并被任命为见习连长，后来一路攀升，1990年任中校衔伞兵营长，时年36岁。战友们都说我是上升的“将星”。确实，如果我安分守己地当兵，前途是辉煌的。

但是，理想高于一切，信念超越权力和金钱。二十年的兵营生活，把我锤炼成一名优秀的军官，同时也使我成为立志改变社会现状、为贫苦百姓争取幸福与自由的斗士。我和弗朗西斯科·阿里亚斯·卡尔德纳斯少校等志同道合的战友发起组织了“少校、上尉联合会”，这是一个军内秘密组织，从陆军初组，后扩大到海军和空军。“联合会”的宗旨是寻求救国兴国之路，初期只是学习、讨论，后来认识到救国不能空谈，坐而论道不如起而行动。“枪杆子里面出政权”的思想逐渐被大多数成员所接受。在此基础上，我们拟订了比较完整的行动纲领，确定了扩大组织、争取民众、依靠军队、争取不流血而取得政权的方针。当时的佩雷斯政府腐败无能，不得人心，我们的计划进展很快，发动“非常行动”的时机趋于成熟，终于1992年2月4日爆发，后因策划不足而功亏一篑。为避免流血，保存力量，我站出来宣布行动失败，并承担了全部责任，被军事法庭以“组织叛乱罪”判刑10年，两年后遇大赦出狱。在狱中，我会见了许许多多重要的来访者，他们中的许多人成为我后来的顾问和助手。也是在狱中，我们酝酿创建了“第五共和国运动”，成为后来支持我合法竞选总统的强大群众组织。也是在狱中，我得到了著名电视女主持人玛丽娅·伊莎贝尔的爱情。

可以说，青少年的贫困生活奠定了我追求变革的“叛逆性格”的基础，20年的军旅生涯使我走上了寻求变革的道路，两年的铁窗岁月是我成为成熟的革命者的大学和熔炉。

一番推心置腹的倾谈，使我对查韦斯其人有了更感性的了解，也令我对这位比我年轻12岁的总统肃然起敬。46年的人生道路坎坷不平，造就了这样一位看似平凡的不平凡的人。他的理想、信念、追求和奋斗，都是在拉丁美洲——委内瑞拉特定的历史，特定的环境下形成的，体现了时代和地区的特点，代表着他的个人和国家的发展力向。另一方面，他的成长过程也表明：他对中国的友好感情不是凭空而来，而是有着深厚的思想基础。

告别时，查韦斯和我紧紧拥抱表示希望今后经常谈一谈，有事可随时相互直接打电话，并把直拨手机号码给了我。

三二

陪军事代表团凭吊卡拉沃沃古战场和卡贝略海军基地。

古战场位于巴伦西亚市南部，距首都约180公里。此处凭山可守，地扼通往京畿咽喉，自古为兵家必争之地。1824年玻利瓦尔领导的起义在此地与西班牙军队决战，以惨重代价赢得胜利。后在此设纪念碑，立凯旋门，门前树有当年玻利瓦尔麾下大将帕埃斯等半身塑像，供后人瞻仰。直属统帅部的“荣誉卫队”驻守，官兵身着古代军礼服，每两小时换岗，交接班时高呼“解放者玻利瓦尔永垂不朽”，庄严肃穆，一丝不苟。委内瑞拉历届政府和军方将此处作为爱国主义教育基地，军人则以能在“荣誉卫队”服役为荣。

因是军事代表团来访，委方安排了正式仪式。骄阳高照，汗流浃背，但抚今追古，内心肃然。爱国情结，凝聚力强，古今中外皆然。

三三

参观加那伊玛国家公园，世界闻名的安赫尔大瀑布即在其中。乘军用飞机先在空中盘旋，观察据说是世界落差最大（990米）的瀑布。鸟瞰群峰，飞流直下，如玉链悬空。

因其高，如雾，如云，轻盈飘渺，令人遐想联翩。加那伊玛湖水富含矿物质，呈褐黑色，岸为平顶石山，山顶大河小溪纵横交错，沿千仞石壁直泻而下，形成大小七八个瀑布，汹涌澎湃，气象万千，气势恢宏。

确是旅游好去处，只是无路，尚待开发。

三四

总统府秘书长哈瓦突然来访，告之查韦斯总统牙疾急发，原定22日为其夫妇举行的家宴推迟到明年一月份，特派部长代致歉意。

三五

主持召开第一次在委中资企业代表座谈会，使馆各部门负责人、驻委新闻单位负责人出席。议题：2000年企业经营状况：面临的主要问题及对使馆的期望及建议。

先听各位代表踊跃发言。中石油等大多数企业业绩良好，且取得了在委运营的比较系统、成熟的经验，但各种困难不少，希望使馆大力加强对委政府有关部门的工作，疏通渠道，冲破阻塞，目前最急需解决的是中方人员办居留签证难，安全无保证，抢劫事件时有发生。

我在发言中，分析了委内瑞拉形势和双边关系态势，对各企业取得的成绩表示祝贺，对中国员工远离祖国和亲人，在困难的环境中艰苦奋斗的精神表示赞许。针对存在的具有共性的问题，我着重强调要贯彻实事求是的思想路线，坚持调查研究的科学态度，发扬艰苦奋斗的奉献精神，树立扎扎实实的工作作风，善于总结经验，熟悉当地法规和风俗，要广交、深交朋友，学会保护自己。使馆把保护中资企业在委的合法利益作为自身的职责，将尽全力为企业排忧解难，提供服务。

与会者认为这个会开得好，希望以后经常组织类似活动。我看有必要，至少可每半年搞一次。

三六

前驻华大使约赛琳来访。她现任委内瑞拉外交部领事总司司长。正想与主管部门谈中资企业人员签证问题，她主动“上门”，真是天遂人愿。我指出，两国关系发展迅速，而我来委人员久受签证问题困扰，委机场主管部门刁难、歧视甚至侮辱中国人员的现象时有发生。这与两国关系状况不符，应迅速纠正。约赛琳说，外交部一直在考虑解决签证问题的办法，但囿于现有立法是几十年前制订的，远不能适应当今形势的要求。她建议由外交部、内政部有关负责人与使馆及中资企业代表举行联席会议，共商解决办法。关于个别中方人员在机场受阻问题，她将向相关部门通报，尽力避免再次发生。

三七

与查韦斯总统通话，互致新年问候，并祝新世纪、新千年两国关系日益深化，两国更加繁荣昌盛。

敲定1月3日总统夫妇来我官邸出席家宴。

三八

除夕夜。新的一年，新的世纪，新的千年同日而至，真是激动人心的时刻。我辈躬逢其时，千载一遇，百年一回，何其幸运乃尔！

过去的世纪和千年已经满载着人类社会充满喜悦与悲伤、幸福与痛苦、美酒与鲜血的沧桑岁月进入时空逝去的轨道。中华民族在历史长河中也经历了重大的变革与发展，有过太平盛世的辉煌，也有过不能忘却的屈辱；但是归根结底，她为人类作出了重大的贡献。人民共和国的诞生、发展和壮大，更是开创了世界历史的新纪元。喜看今日之中国，已经巍然屹立在世界民族之林。作为炎黄子孙，华夏儿女，当感无上的荣光与自豪。

在新的世纪，新的千年，世界文明将会发展到什么程度，现在尚难断言。但可以肯定的是：科学技术的发展，将把生产力推向一个全新的，使人类更加自由地把握大自然规律和发展方向的境界；迎面走来的世纪将充满和平与发展的机遇，也必将充满着挑战与竞争。如何看世界？如何看自己（中国）？中国将如何走在世界的前列？这是中华民族面临的历史课题。我相信，在这个世纪中，我们伟大的民族将实现真正的腾飞，我们伟大的祖国将更加繁荣富强，我们的人民将更加幸福安康！

天下兴亡，匹夫有责。世界在前进，国家在进步，民族在召唤，我们每个人都应当脚踏实地，胸怀壮志，为国家的发展，为民族的振兴，为祖国的统一作出应有的贡献。

个人是一滴水，汇聚起来就是浩瀚的沧海；个人是渺小的，融入这个大海就具有了无穷无尽的力量。

驻外使节肩负着特殊的重任，理应作出特殊的贡献。要把新年、新世纪、新千年作为新起点。真正的勇士当永远奋发图强，勇往直前。

第二章 深 交

相识相知，由浅入深，是外交官为国交友的路径。既为“国友”，必与国家关系相伴而行。

一

2001年1月3日，家宴深谈，宴请查韦斯总统和夫人。兰赫尔副总统和夫人、外长夫妇、秘书部长、副外长夫妇、国民大会外事委员会主席夫妇作陪。按总统意愿，男士全部便装。总统本人身着人们熟悉的深灰色翻领夹克，显得随意而潇洒。我特意穿上平日很少穿的白色西装，黑色衬衣，白鞋白袜，也格外精神。

官邸洒扫庭除，红毯铺地，满园鲜花盛开，硕果累累，一派喜气洋洋。花园内鸟儿似乎也多了些，吱喳跳跃，平添了一份活力和生气。

完全是家庭式的聚会，谈笑风生，无拘无束，纵论天下大事、国事、家事，但核心还是两国关系事。总统重申希望江泽民主席尽快访委，他本人则望尽快再次访华。他说，委中关系应当是一种“与众不同”的关系，可以称为“战略关系”，这与战争、军事对立无关，而是指双方要站在战略的高度，以长远的眼光规划全面的合作，特别是互补性极强的能源和农业合作。为了加深相互了解，两国领导人应当经常有机会交换意见，两国主管部门应加强磋商，两国大使应充分发挥桥梁的作用。他表示要为我的工作提供最充分的支持。他指示在场的外长、副外长要经常向中国大使通报委内瑞拉形势和关于两国关系的设想。我相机提出中方来委参加项目人员的签证问题，中资企业的安全问题，总统当场指示外交部认真解决，并半开玩笑半认真地说："国民警卫队[①]"司令就是你的邻居（该司令官邸在中国大使官邸前下方200米处），你随时可以敲门进去找他。查韦斯特别亲切而认真地说："你也是我的兄长（我比查正好大一轮），你是大使，但首先是我的朋友。你我之间要保持经常联系。凡涉及两国关系，特别是涉及合作项目的事，你可以直接打电话找我或与总统府秘书长沟通。"他主动提出以后除特殊情况（如出国访问等）外，原则上一个月与我谈一次。

在我所了解的外交礼仪惯例中，这应当是一个罕见的破例吧。

席间商定：

一、2月10日前后总统和我主持首批住房竣工典礼；

二、中石油开发新油田和乳化油项目均可采用实物支付的方式，即以原油支付；

三、住房项目要有连续性。首批480套后，要上5000套计划，委内瑞拉基础建设部将予密切合作；

四、总统对山东兖州矿务局承建铁路、清华同方集装箱检查系统、首信集团承建大学校园信息网等项目极感兴趣，详细询问情况，并指示秘书部长通知有关部门履行承诺。

席间，查韦斯讲了许多儿时故事。"穷人的孩子早当家"，贫寒的家境，锻炼了他和兄弟们的生活能力，陶冶了不畏艰险的性格。他"严肃认真"地跟我学用筷子。他是"左撇子"，学习新事物很快就能入门。当他用筷子夹起第一块肉的时候，像孩子一样地叫了起来："看啊，我成功了！"接着又稍带狡黠的口吻说："学用筷子比当总统要容易！"招得满场哈哈大笑。

"午宴"持续四个小时，总统兴犹未尽，约定以后再来。他从不出席使节单独宴请（为避免"不平衡"），一次已是破例，可见其对华感情。

二

据《环球报》报道，查韦斯总统×日宣布：由于本国建筑商不接受低利承建"社会住房"的条件，政府"将请中国人承建"。在谈到巴尔基西梅托"实验"项目时，他说将亲自去现场检查，"如果盖得好，将请中国人建造2万套房屋"。

① 委内瑞拉的"国民警卫队"类似于我武警部队。

三

应委内瑞拉瓜亚那公司（委国家垄断工业集团，与委石油公司并称国家经济垄断寡头）总裁弗朗西斯科·兰赫尔中将邀请，乘该公司小型专机赴奥尔达斯港市访问。会见该集团下属7家大企业总裁，探讨两国合作项目。印象如下：

一、公司统管全国矿业、林业、电力等产业，实力雄厚，但国有企业之弊端应有尽有。

二、委方热切希望与我合作，特别是在黄金开采、铝工业、林业机械、农机制造等方面兴趣尤大。我提出利用委桉木资源联合生产纸浆和新闻纸设想，对方欢迎。商定近期派团考察上述合作项目的可行性。

三、兰赫尔将军详介所辖“瓜亚那地区”①发展规划，包括保税区、加工区、国际机场、大型港口及旅游、农业各领域。规模庞大，构想宏伟。窃以为以委内瑞拉国力而言，目前恐难实现。

四、委多资源，且均为优质；有市场，所需产品多靠进口；经济单一，重工轻农，与我国确多有互补之处合作可能性很大，但需考察周全，计划缜密，工作扎实，不可轻率决策，一哄而起。

四

在国会大厦听取查韦斯总统向全国代表大会发表国情咨文报告。洋洋洒洒数十万言，历时5小时。

报告突出一年成就，强调前景光明，承认还有问题，表示绝不后退。

在对外政策方面，强调全面发展对外交往，突出坚持独立自主，绝不放弃原则，重申愿以和平友好方针处理同邻国的关系。

五

江泽民主席访问确期，我在第一时间即电话简告查韦斯，彼高兴地欢呼起来，说这是“最好的消息，应当燃放爆竹庆祝”。约定明日面谈。

六

见总统谈江泽民主席来访事。查韦斯十分兴奋，喜形于色，说这个消息是中

① 即以玻利瓦尔州为主体的广大地区，地广人稀，资源丰富。

国送给他的“最好的新年礼物”，当即接受我方所提访期，说任何其他事情也不能更改这个日期。他当场决定本月18日夜间召开特别会议部署有关接待事宜。他说：“我一定要以特别隆重、特别亲切、特别热烈的礼仪，来迎接我的朋友江泽民主席。”他建议把在委停留时间增加一天，以便安排去玛格丽塔岛游览，并约我三天后再谈一次。

我向查韦斯递交了目前正在进行中的合作项目清单，并相机就巴市住房项目作了说明。他沉吟片刻，表示希望一定要把“样板房”做好，“否则新闻界将借题发挥，而他们背后有人挑唆”。他要求秘书部长和我提前去看，确保无虞后再安排竣工仪式。

商定 × 月 × 日前往查看。

七

见外长，就江泽民主席访委事进行首次商谈，建议委方尽快成立协调班子。部长说：“总统昨天已将这个消息告诉我，指示外交部全力以赴办好这件头等大事。这次访问对委内瑞拉来说太重要了，全国人民都会很高兴。”

委内瑞拉外交部告：已成立由门德斯副外长牵头的接待江泽民主席的协调班子，前驻华大使、领事司司长约塞琳为联络员。说办就办，雷厉风行，效率空前！

八

宴请财政部长何塞·罗哈斯，该部主要官员出席。部长热情友好，重视两国合作，这很重要，因为这是一个关键性部门。谈及签订投资保护和避免双重税收协定事，取得共识。我介绍了中国集装箱检查系统的优势，部长很感兴趣，反应积极，商定由主管部门与我方洽谈。

九

为旅委华侨华人举办春节招待会，各地侨领近300人与会，气氛热烈、祥和、喜庆。我致辞，祝节日快乐，家庭幸福，恭喜发财，并简介国内大好形势，反响强烈。我指挥馆员合唱《歌唱祖国》，把活动推向高潮，台上台下同声高歌，情绪高昂，热泪盈眶，爱国深情，感天动地。侨领们说：年年过春节，此次最热烈。

一〇

见总统，再谈江主席访委事。查韦斯说，准备工作将由他亲自抓，因为此访与任何其他国家元首的访问都不同；这是一次“战略性”访问，必须“战略性地组织接待”。他说，江主席在委内瑞拉将受到此次拉美之行中“最隆重、最热烈、最亲切”的欢迎，将可与菲德尔·卡斯特罗在古巴接待江主席的规格相媲美。

一一

此间侨报刊登甄柱景先生在我访问该报后写的一首诗，热情洋溢，很是感人，步韵和之。两诗抄录如下：

原诗：

蓬门尽敞沐春风，满室生辉笑语融。
赤县英贤豪气盛，“人民儿子”感情浓[①]。
亲侨未觉舟车倦，礼士尤知品格崇。
逐路天涯扬国威，同心协力立奇功。

和诗：

《致委华报》

抵委三月，承蒙全体侨胞厚爱，不胜感谢，甄柱景先生赋诗褒奖，愧不敢当；步其韵以和之，谨表谢意，并颂亲情，亦作恭贺新春之语。

持节西来乘东风，手足聚会亲意融。
喜看神州国势盛，赤子忠心血更浓。
报国未敢言体倦，为民犹觉力无穷。
携手共谱同心曲，壮我中华建新功。

一二

大年三十，赴巴尔基西梅托市看住房项目，总体印象尚可：房间面积较大，内墙已粉刷，门窗已装好，看上去有舒适感；市政建设部分齐全，环境整洁，与不远处由当地公司承建房屋比较显然有优势。

与社区负责人交谈，反映甚好，称赞中国技术人员是“最好的人”，中国人

---

① 我在给该报的传真中有“我是人民的儿子”句。

做的工程是“最好的工程”。据称242套“试验”阶段房屋已预售完毕，买主称赞为“漂亮的房子”。

工作没有白做，祖国的声誉得到维护，中委关系又添一块“砖”。外交无小事，事事要认真，何况这个项目本身就是一件大事！

万事俱备，与总统商定的2月10日竣工典礼当无问题。

一三

大年初一，抵马拉开波市访问。

马市之美，名不虚传！这是一座旅游城，也是一座石油城。

马拉开波湖号称世界第二大内陆湖，湖面12000平方公里，浩瀚无边，水平如镜，烟波浩渺，一望无际。跨湖大桥气势宏伟，“一桥飞架南北，天堑变通途”。世界最大的湖下油田即在此处，钻井林立，油管纵横，但水面几无污染痕迹，也算得一个奇迹了。马市临湖而建，新、洁、美三字可概括市容之佳，确为委内瑞拉全国最清洁的城市。空气清新，适宜人居，堪与苏杭媲美。

晚上与当地侨胞共度新春之夜，舞龙耍狮，鞭炮轰鸣，欢声笑语，亲情浓浓。不少当地官员夹杂其中，可见侨团与主流社会关系融洽。侨胞要求我讲话，除给大家拜年外，扼要介绍了国内情况，激起阵阵掌声，体现了思乡爱国深情。兴奋之中，得诗一首：

人逢佳节倍思亲，身在天涯更念君。
远眺神州飞瑞雪[①]，天人共庆第一春[②]。
把酒放歌论古今，心潮澎湃泪纷纷。
举杯齐祝祖国好，鼓掌欢呼天地新。

一四

礼节性拜会苏利亚州州长罗哈斯和夫人。谈及本州情况，颇自豪，说苏州在经济上和对国库贡献上是全国第一州，石油主产地，马拉开波湖水下油田年产量达7000万吨，占全国总产量一半以上。告称该州有长远发展规划，将修建原油输出码头和隧道，发展农产品加工业，进一步开发旅游业，欢迎中国企业投资合作，并希望与山东省结为友好省州。

① 根据天气预报，腊月三十，中国北方普降小雪。“瑞雪兆丰年”，吉象也。

② 辛巳年春为世纪第一春，千年第一春。

苏利亚州有实力，似可在开展合作方面加以推动。与山东结为友好省州事亦可积极而稳妥地促成。

一五

看望中国石油天然气总公司下属委内瑞拉公司职工。乘船进湖前往因特坎波油田。船速8节，航行40分钟，始见油田规模宏大。虽有湖风阵阵吹来，犹觉赤日高温，登上钻井平台，更加火燎灼热。我们的“石油人”就是在这样的环境里，为祖国开发海外石油资源，创造出高产值、高技术水平、高政治影响的奇迹。艰苦奋斗，无私奉献的创业精神与现代化的科学技术和先进的管理经营相结合，就可产生无穷的力量，创造出伟大的业绩和宝贵的财富，培养出优秀一流的人才。这是中石油在委取得的最重要的经验，值得赞扬和鼓励。

正是：

大庆作风今犹在，
“铁人精神”代代传。
我为祖国献石油，
走遍天涯苦也甜。

一六

从马拉开波返回首都途中，绕道前往山东省寿光市派出的蔬菜技术小组，向辛苦劳作的同志们拜年。条件仍是那么艰苦：简陋的住房，荒凉的环境，在炎炎烈日下，草儿蔫蔫的，小组养的小黄狗也显得懒洋洋；但与我两个月前第一次来相比，最明显的变化是菜田里的蔬菜长势颇好，一片葱绿；果实累累：茄子、扁豆、黄瓜、西红柿、油菜……清香诱人，充满生机。转身看看我们的职工们：心里涌起一阵难言的感觉：黑黑瘦瘦，满身泥土，唯一的一位年轻的女性（翻译），早已失去昔日的光彩。他们在国内都是有一定地位的技术专家啊！不远万里来到这里艰苦创业，吃苦受累，所为何来？国家的利益，公司的事业。这就是奋斗，这就是奉献。作为大使，在这些同志面前，能说什么？唯有紧紧握住他们的手，拍拍他们的肩，道一声“辛苦”，说一声“保重”，眼圈湿了。我看见我的夫人和随行的经商参赞陈玉明同志等都在抹眼泪。原本计划到瓦伦西亚用餐，但我坚持接受“专家”们的邀请，在赶不走的苍蝇之中共进午餐，吃得很香，很香……

晚上，在巴市宴请蔬菜组全体人员，聊作春节慰劳吧。

一七

中央电视台报道：5名法轮功分子受李洪志煽动，于大年三十到天安门广场自焚以求“圆满”，结果1死4重伤。其情景恐怖至极。此事以血淋淋的事实暴露了法轮功残害生命，反人类的邪教本质。

一八

宴请外长办公室主任阿德里亚纳大使和委方接待江主席访问联络员、领事总司长约塞琳大使，就访问日程安排事进行“细化”磋商。国事访问，细节可决定成败，从政治到礼宾，丝毫马虎不得，大使必须亲力亲为。

一九

喜闻山东黄金公司派出的技术小组即将来委；中石油集团关于乳化油项目的谈判代表近日亦到。到任后推动的几个重要合作项目正在逐步落实，这对于为江主席来访充实内容具有积极意义，可喜可贺。

二〇

出席查韦斯总统执政2周年大会。查韦斯及政府全体成员和国会、最高法院、总检察院、军方主要领导人出席。有阅兵式和群众游行，后者以青年学生为主，一路行进，一路欢呼，一路歌舞，表现出对查韦斯的拥戴。

二一

查韦斯总统发布命令，任命外长兰赫尔改任国防部长，现任国防部长乌尔塔多中将退役调任基础设施部长。文官任国防部长，在委内瑞拉虽非首创，但查韦斯执政以来确是第一次，意义非同寻常，似在“堵”反对派抨击他重用军人，把政府“军事化”之口。

二二

出席瓦伦西亚华侨春节联欢会暨华人商会第10届委员会就职典礼。规模盛大，气氛热烈，组织有序。在我的印象里，从未见过这样气势的鞭炮齐鸣，真是惊天动地，震耳欲聋，侨团之组织能力可见一斑。应广大侨胞要求，指挥合唱《歌唱祖国》，群情振奋。血浓于水，怎不令人感动！

二三

查韦斯总统任命达维拉为外长，第五共和国运动元老米基莱纳为内政部长。米基莱纳，委内瑞拉著名政治家，被公认为现执政党——第五共和国运动的“精神领袖”，是查韦斯1992年发动军事政变入狱以来的主要谋士，对查韦斯影响很大，查韦斯尊其为师。

二四

宴请外交部国际政策总司司长及多边司长、礼宾司代司长等，谈日内瓦人权会及江主席来访等事宜。

二五

近日来思考中拉关系现状、未来和在我国总体外交中应当占有的地位。有以下心得：

一、随着我国综合国力的增强和国际地位的攀升，我国家利益在世界上的延伸愈来愈广泛，许多地区和全球性大事件均涉及我利益，有的甚至涉及我根本利益、核心利益。故我们对国际事务的关注和参与理所当然地应当加强。

二、目前看，拉美—加勒比地区迄未成为国际关系的中心点，与我既无重大利害冲突，亦无利益攸关的契合。

三、但拉美地区有其独有的特点和优势，特别是由于它资源极其丰富，经济、社会发展有相当雄厚的基础，市场潜力很大，在世界经济发展全局中具有重要地位和潜在的推动力，对发达国家有巨大的吸引力，对包括我国在内的新兴国家也极富魅力。而与欧美日相比，我国在拉美的存在起步很晚，立足不易，必须奋起直追。

四、从政治上看，拉美国家与我共同点较多，对我有一种几乎是“天然”的友好感和认同度；在国际事务中相互支持与理解甚多。近年来，许多拉美国家的政府、政党和有识之士对我和平发展道路评价甚高，与我合作愿望日益强烈。

五、鉴于上述，我似应从外交战略和发展战略的高度审视和规划中拉关系，把拉美作为我在国际事务中发挥大国作用的同盟军和开展平等互利合作的重要伙伴。应相应提升拉美在我国总体外交中的地位。要着眼长远，统筹规划。

二六

与总统通电话，商谈住房项目、长期供油协议等事。查韦斯表示将亲自过问中委合作的重大项目，督促委方有关部门认真落实；石油合作意义重大，不可就事论事，要有长远规划，把扩大原油开发、乳化油的长期供货和合作建厂统筹考虑。为此，他将于日内与委内瑞拉国家石油公司总裁拉梅达将军面谈。

二七

宴请新任基础建设部长（原国防部长）乌尔塔多·罗梅罗将军。席间谈及住房项目现状和前景，我表示希望部长关心，特别是落实长期合作计划；铁路项目亦望关照。部长在讲话中强调两国关系的重要性，表示任新职后将继续坚定不移地支持两国合作。

二八

瓦伦西亚侨团组织至今不能联合。当地侨胞近万，经济状况不错，如能拧成一股绳，将是一股可观的力量。

胜自团结败自散，古今中外概皆然。
不是廉蔺识大体，何来燕赵国运安？[①]
炎黄子孙同根源，莫作豆萁釜下燃。[②]
待到兄弟把手日，我献诸君诗三篇。

二九

出席委全国代表大会（国会）“委内瑞拉—中国议员友好小组”成立仪式。“全代会”主席拉腊和小组主席普奇讲话对中国给予高度评价，对两国关系寄予厚望，希望两国议会和议员间增进交往。

三〇

见总统，通报我方所提江主席访问日程，商谈拟签协议等事。查韦斯原则同

① 战国时期，廉颇、蔺相如“将相和”保障了赵国国运安宁，传为千古佳话。

② 三国时期，曹植七步诗有“煮豆燃豆萁，豆在釜中泣。”之句，警示人们勿做手足相残之事，给后世以深刻启迪。

意中方草案，表示将尽全力使江主席和代表团满意。他将陪同江主席去玛格丽塔岛，希望在“碧海蓝天白沙”的优美环境中“同江主席推心置腹地畅谈”。

三一

会见侨领冯雪茂先生，动员其出面组织全国性侨团，彼欣然接受，细节另商。

从侨胞和委内瑞拉内政部得知，目前在委内瑞拉的“中国人”（概念不明确，包括持我护照的侨民，已入委籍的华人，第二、三代的华裔，有中国血统的当地人和持台湾“护照”的台胞）总数达13万人左右，近20年来委者近半。主要城市都有侨团组织，林林总总上百个，商会、行会、会社、同乡会等名目众多。地域为界，各自为政，彼此很少往来，有的甚至多有摩擦。同胞们面临许多共性干扰，诸如办理合法居留难，入籍更难；常受当地行为不端者骚扰欺凌，安全无保障；一些执法部门用各种手段诈敛钱财；“中国人”内部良莠不齐，少数害群之马以盘剥同胞为乐，等等，同胞们怨声载道，但长期得不到解决。

是解决问题的时候了。两国关系走势大好，委当政者对华友好，江主席访问将把双边关系推向高潮。天赐良机，不可错过。

世界上怕就怕认真二字。所谓“认真”，就是看准事物，捕捉时机，真抓实干。态度重要，时机也很重要。

三二

宴请冯雪茂先生，再谈组织全国性侨团事。

三三

宴请拉腊议长及“委—中议员友好小组”成员，谈甚欢。

三四

应约会见委内瑞拉全国铁路局局长，就山东兖州矿务局承建铁路修复工程事交换意见。

三五

突感不适，头重脚轻，血压不稳定。可能是最近工作繁忙，想事太多之故？适当调整一下，确保接待江主席来访工作顺利完成。

自从1993年患急性心梗以来，把许多个人的事看淡了，唯“鞠躬尽瘁，死而后已”的意识更浓了。但未到必要时不能轻易倒下，要力避“出师未捷身先死，长使英雄泪满襟”的悲剧。

三六

从近日媒体看，查韦斯本人及政府在处理与各界关系中明显趋向缓和与对话，反映良好，委内瑞拉国内政治生活正出现和缓迹象。反对派有所呼应，有的表示愿“帮助政府解决国家面临的问题”。在对美、对哥伦比亚关系方面，也有微弱变化。

我看这是好事，对巩固政府地位，稳定政局和发展经济有利。

从委内瑞拉国情看，实行变革，寻求适合本国国情的发展模式和治国理念是必要的，但有些举措要慎重，例如对私有财产的政策和处理同美国的关系不能过激，否则会前途险恶。

三七

就江主席访问日程事两次与总统通电话。彼告将为江主席授委最高荣誉勋章——“解放者大十字项链勋章”。

总统安排第一夫人×月×日与我的夫人在总统官邸共进早餐，商谈今年5月访华事。

总统允在×月×日—×日的一周内观看中国制造的军用教练机和小型运输机表演。

与门德斯副外长通话，按总统思路商谈访问日程有关问题。

与先遣组张云通话，就有关事项征求意见。

三八

与约塞琳大使通话后会晤，协调有关接待工作。鲍鄂生参赞开始与委外交部礼宾司谈细节。

三九

加强对外文化交流是一项极其重要的工作，是增进不同文明传统的国家与人民间相互了解、消除因文化差异造成隔阂的主要渠道，也是增强和展示国家软实力的重要手段。驻外使领馆处在第一线，当责无旁贷。

四〇

第三次会见瓦伦西亚侨领，继续推动大联合，强调这是大势所趋，利益所需，时机可贵，要一鼓作气。

四一

拜会内政部长米格莱纳。我谈及侨胞的合法居留问题，恳请部长给予特别关注，彼表示理解，允争取先解决现有无居留权的所谓“中国非法移民”的问题，但要求使馆协助统计，并希望取得合法居留权后，引导其中一部分人从事商业以外的活动。

要乘势而上，推动办成这件为侨胞排忧解难的大事。

四二

总统府通知：总统将于 × 月 × 日10时观看中国教练机飞行表演。

四三

参观考察玛格丽塔岛，约塞琳大使和委外交部礼宾司官员同行。印象如下：

一、自然风光很好，旅游资源丰富，但欠开发。重要代表团来似没有什么值得看的东西；

二、地方当局和传媒对江主席来访极为重视，“喜出望外”，认为此访可推动玛岛的发展；

三、当地华侨感到振奋，热情很高，表示将全力以赴配合接待祖国亲人。

与约塞琳等继续讨论日程，大体就绪，但一些细节仍未敲定。

四四

宴请先遣组和委方“接待江泽民主席组织委员会”成员，门德斯副外长出席。席间继续就礼仪安排、活动场地等悬而未决之事进行协商。

实事求是是办好一切事情的根本，也是坚持原则的依据。在涉外事务中更应如此。

四五

会见中国农业机械进出口总公司副总裁苏维珂和华力兴公司总裁。

农机公司承办利用政府贷款向委出口拖拉机和其他农业机械项目，数额巨大，意义非常，进展良好。我看此项目可成为两国农业合作的重要组成部分，应予支持。

四六

中央电视台报道，石家庄纺织厂发生爆炸事件，死108人，伤38人。肇事者手段残忍，罪不容诛。

保证安全是重中之重。必须反复提醒委方做好防范各种不安全因素的工作，丝毫不能懈怠。

四七

陪查韦斯总统赴马拉凯空军基地观看中国制造的K-8教练机和Y-12小型客货运两用机飞行表演。两种轻型飞机外形美观，设备先进，乘坐舒适，性能良好。总统“拉”我和随行的军政要员们同乘Y-12在马拉凯湖上空盘旋两圈，兴高采烈，赞不绝口。着陆后，他与中国飞行员和技术人员亲切交谈，指示有关负责官员认真研究购买和合作生产的可能性。

国产高科技产品受到一位外国元首如此青睐与赞扬，我在内心里感到自豪。国家在发展，科技在进步，中国人越来越可以扬眉吐气了。

查韦斯总统与我谈及江主席访问日程，重申欢迎宴会一定要安排在4月16日，星期一，以确保被邀请者全部出席。

四八

忽得消息称：关于委内瑞拉向中方供应乳化油的谈判因价格上存在分歧而搁浅。此讯令我忧虑。此项协议将是江主席访问期间签署的协议的一项，商谈已久，名声在外，众目睽睽，如半途而废，必遭物议。要做工作。

四九

接受委内瑞拉国家电台采访，谈江主席访委的意义。

五〇

梳理江主席访问期间拟签署的各项协议，委方文本尚有欠缺，且尚未确定签字人，要一“盯”到底：凡事必须早抓，抓住不放，直到敲定；有时敲定了还要防“变”。

五一

《中国文化日》开幕式在委内瑞拉国家石油公司展览大厅举行，出席者甚众。我和门德斯副外长讲话。这是为江主席来访创造氛围的活动之一，以“改革开放成就图片展”为主要内容，并有中国电影、中国民族服饰展等，形式多样，对于增进委民众对中国的了解会有好处。

五二

接受媒体采访。新闻界关心江主席来访“是否有特殊目的”？暗指“扶植”拉美“反美”势力和与美国“争夺”。

五三

在石油公司总部作《关于中国的改革开放》的报告。综合了来自各方面的资料，自理思路，自定讲稿，自译西文，外语演讲，并留出充分时间让听众提问，友善互动，效果甚好，比照本宣科，讲完开路好得多。在座者白领阶层居多，对中国一知半解，但有深入了解的愿望，尤其是对改革开放以来中国的发展模式和将来走什么路（坚持社会主义还是改行资本主义）有浓厚兴趣，其中有好奇，也有关切。

外交官，尤其是高级外交官，必须熟知国情。这种“熟知”，不能仅限于背得一些数字，更重要的是要对本国的政治状况及经济社会发展有理性的认识（越系统越深刻越好），要熟悉相关政策。同时，要有清晰的思维和语言表达能力，讲话要抓得住人，深入浅出，生动活泼，使听者昭昭，有所收获。

五四

晚上在官邸为当地新闻界举行冷餐招待会，发布有关江主席访问的消息。我介绍了访问的目的，两国关系现状和前景，并就目前发生的美国间谍飞机闯入我领空，撞毁我军用飞机事阐述了我立场。

五五

由委内瑞拉、哥伦比亚、墨西哥组成的“三国集团”首次首脑会议在加拉加斯开幕，各国使节应邀出席。三国总统在讲话中一致强调加强地区一体化，共同应对世界多极化和经济全球化的挑战，但侧重点各有不同：查韦斯总统讲话全篇贯穿玻利瓦尔关于建立“拉美大家庭”的思想，明确提出“拉美高于美洲”，显然与美国极力倡导的“美洲共同市场”拉开距离。哥、墨两国总统对此未作明确呼应。

五六

出席在委外交部举行的接待江主席来访的协调会，最后商定细节，除个别事项仍会有变动外，大体定局。委方出席各场活动人员名单尚待总统“钦定”。

我在会上强调：第一，安全问题要细之又细；第二，双方商定各项，均应严格落实，不得随意变更；第三，双方要保持密切联系，保证渠道时刻畅通。

五七

与总统通话，议定：

一、总统本周三接受我人民日报记者专访；

二、本周三与我再次面谈接待江主席来访事；

三、访问期间将签署的各项协议，本周内再次检查，防止疏漏；

四、总统将再次督促有关部门确保安全。

五八

环球报报道，有记者问达维拉外长：委内瑞拉是否确有从中国购买武器的计划，达维拉未否认，表示“委政府打算在寻求多极化的政策范畴内加强同中国的关系。当前同东亚的关系是我们的主要重点”。

主持在军人俱乐部举办的《今日中国》图片展开幕式并讲话。出席者众。

五九

见总统。再谈江主席访委有关事项，着重讨论礼仪安排。查韦斯第一次谈学习毛泽东著作的心得。

查韦斯说，委内瑞拉是江主席拉美之行“最后一站”，“一定要比前几个国家安排得更好”。他决定把签字、授勋仪式改在特雷莎剧院举行，约3000人观礼；在“国宾馆”维涅塔宫为江主席及主要随行人员举行小型私人午宴。

盛情难却，且“客随主便”，似应接受。

总统谈兴极浓。他说，此次访问将把两国关系推上新的水平，不仅造福双方，其影响所及将震动美洲。就个人而言，他将向江主席求教中国发展壮大的宝贵经验，探讨对重大国际问题的看法。他说，青年时期，特别是从军以后，他阅读了一些毛泽东的著作，包括《矛盾论》、《实践论》和军事著作，深受教育和启发，印象极深，对他后来思考委内瑞拉的变革和提出“玻利瓦尔革命”有重大影响。毛泽东思想博大精深，精髓是：为人民服务，实事求是和军民鱼水情。执政以来，他本人和政府的重大主张和政策，都是建立在这些原则基础上，因而得到广大民众的支持和拥戴。

言简意赅，语重心长，“精髓”之论，抓住要领；学有所得，用于实践。有思想，有见地，在这个基础上形成的对中国的感情是真挚而深厚的。我到任之后，已多次与总统“亲密接触”，交谈内容愈来愈深刻，这是相互信任，两国关系深入发展的结果。从这个意义上讲，我是“受益者”。

六〇

接受电台采访，谈江主席访问。

六一

全球重大新闻：美国就撞机事件公开向中国道歉。真理必胜，霸权主义不能永远横行。今日中国已非昔日之中国，必须坚持独立，不能任人欺侮。

六二

国内同意查韦斯总统提出的两场活动的安排。

即告总统，彼高兴之极。

六三

与委方人员一起检查主要活动场地及周边环境，未发现问题。

坐下来静思苦想，还有什么未了事宜？不能留下任何空白点。

六四

“决定性的日子”。

雨后初晴，美丽的加拉加斯城迎来了清新、芬芳、天高云淡、令人心旷神怡的一天。

“养兵千日，用在一时”。紧张准备三个月，“决定性的日子”终于来到了！

我和全馆同志都穿上最庄重、漂亮的服装，女同胞们精心梳妆。我知道，大家的心都和我一样激动而又有稍许忐忑：能交出合格的答卷吗？

按照双方商定的时间，我提前两个小时于上午9时抵达机场“总统停机坪”。总统府秘书长、副外长、礼宾司长和几位将军已在忙碌地指挥着。宽阔的广场上，欢迎群众鱼贯而入：两根特制的旗杆矗立中央，特大型号的两国国旗备好待用。贵宾厅上方悬挂着用中、西文书写的巨幅横标：“热烈欢迎江泽民主席和夫人访问委内瑞拉”。预定专机停机位前的地面上，是用彩绘鹅卵石摆砌而成的委内瑞拉红、蓝、白三色国旗和中国的五星红旗，旗幅巨大，比例精确，别具匠心。这是根据查韦斯总统的指示，由50名工匠用两天时间砌成的，虽经雨水冲刷，彩漆十分鲜艳。

10时整，礼兵列队进入规定位置。按惯例，迎接国家元首礼兵为200人，据说当年美国总统卡特来访时打破惯例，也不过出动了500人；而此次查韦斯总统下令：迎接中国元首要“特殊破例”，上700人！这是精心挑选的700精兵，个个精神抖擞，神采飞扬，好不威风！

我注意到欢迎群众都头戴红色贝雷帽，佩戴“第五共和国运动”的胸章。原来这是根据查韦斯在古巴学到的经验，指示执政党总部组织的1500名党员。他们手持中、委两国小型国旗，热情洋溢，纷纷与我和使馆人员握手畅谈，表达友好之情。

“破例”何止这些！

10时30分，礼宾司长与我试升国旗，检查音响设备，查看车队排列，落实最后细节。副总统及各部部长等高级官员陆续到位。

11时45分，查韦斯总统和夫人抵达现场。在与我和夫人热烈拥抱之后，他兴奋地说：“大使兄长，这一天终于来到了！”

他没有进贵宾厅休息，而是挽着我的手走到民众中间与大家热烈交谈。他问道：“今天在这里欢迎中国主席，高兴吗？”人们同声回答：“是的，高兴！”他说：“中国人是我们的兄弟，我们要以最亲切的感情欢迎江泽民主席！”人们回应：“是，总统先生！”——好一派感人的景象！

查韦斯健步走到礼兵队前，亲自下达三遍口令，检查队列，并庄严命令：“士兵们，执行命令，完成任务！”礼兵们立正高呼：“是，服从您的命令！”

查韦斯回过头来笑着问我：“你认为如何，大使先生？”我用发自内心的情感答道：“太好了，总统先生，谢谢你！”

12时10分，机场指挥塔报告：江主席专机已进入首都航空区，护航飞机已起飞。

12时20分，4架F–16战斗机从机场上空呼啸而过，机翼倾斜向总统致敬，全场掌声雷动。顷刻，机身画有五星红旗的江泽民主席专机从跑道缓缓滑行而来，稳稳停在预定位置。

飞机马达轰鸣声尚未完全停息，舱门尚未打开，舷梯刚刚摆好，按捺不住激动心情的查韦斯就拉着夫人的手并招呼我走向专机，在舷梯下迎候。舱门开启，中国外交部礼宾司长张云走出机舱邀请委方礼宾司长和我登机迎请江泽民主席和夫人下机。

以大使身份如此近距离见到江泽民主席夫妇，这是第一次，激动之情难以描述。我尽量使自己保持平静，简要地向主席和夫人及随行的钱其琛副总理等汇报了欢迎仪式情况，着重突出查韦斯的特殊友好安排。看得出，领导同志们都很高兴。虽是远道而来，却是毫无倦意。江主席和钱副总理对委空军护航飞行员的技术赞不绝口。

片刻，在委方礼宾司长引导下，江泽民主席与夫人王冶坪同志携手步出舱门，向查韦斯总统和欢迎群众招手致意。全场欢呼声和鼓掌声响彻云霄。江泽民主席夫妇及主要陪同人员走下舷梯，两名活泼可爱的儿童向江泽民主席夫妇献花。查韦斯总统在礼貌地与王冶坪同志握手后，张开双臂与江泽民主席紧紧拥抱，连声说："欢迎你，我的兄长！"

江泽民主席夫妇在总统夫妇的陪同下登上检阅台。军乐队奏两国国歌，鸣礼炮21响。委方迎接人员以副总统为首依次走上检阅台，查韦斯总统一一介绍；尔后中方陪同人员（我排在内）走上检阅台，江泽民主席向查韦斯一一介绍，握手后返回原位。仪仗队长上前请江泽民主席检阅仪仗队。两位元首检阅完毕后与夫人会合，使馆两名女青年献花。

按原计划，此时欢迎仪式结束，查韦斯总统夫妇应陪同江泽民主席夫妇至车旁握别。但查韦斯总统临时"打破"礼宾安排，拉着江泽民主席的手走进欢迎队伍和民众见面。突然变化，"防"不胜"防"，双方安全人员紧张异常；一时间，广场气氛达到高潮：两位元首所到之处，掌声、欢呼声和笑声连成一片，听不清人们在说什么，但看得出由衷的喜悦和亲情。我紧跟着江泽民主席，只见他满面笑容，非常高兴。钱其琛副总理对我说："真热情！真热情！"

欢迎仪式简短而隆重，而"与民众见面"却热烈而拖长。我来不及问候其他陪同领导，车队在迎宾摩托车队护卫下向宾馆急驰而去。

代表团同志告：专机进入委领空后，4架F–16战斗机以最近距离与专机同速护航，并多次侧翼致敬，蔚为壮观，江泽民主席及其他领导赞不绝口。飞抵加拉加斯上空时，从空中鸟瞰，只见地面红旗招展，彩旗飘扬，场面宏大；飞机停稳后，欢迎场面看得更清楚。

与李肇星副外长陪江主席夫妇进午餐。主席问我查韦斯其人最主要的特点是什么？我就自己所知作了简要汇报，着重分析了他在对外政策、特别是对华关系方面的基本理念。

下午参观玻利瓦尔故居和博物馆。查韦斯总统陪同并亲自讲解重要情节。江泽民主席对玻利瓦尔以巨富之身献身反殖民主义的独立事业，解放大半个南美洲，最后贫病交加，49岁英年早逝的感人事迹表示赞佩，在留言簿上写下“伟大的南美解放者玻利瓦尔永垂不朽”。

故居前自发聚集了数百民众。两国元首一出门，人们有节奏地高呼“查韦斯！江泽民！”、“江泽民！查韦斯！”，元首们互视会意，不约而同地“冲破”双方警卫人员的警戒圈走近人群，与人们握手交谈。江主席用西班牙语说：“谢谢朋友们！委内瑞拉人民万岁！”激起一阵热烈掌声。

按预定日程，参观故居后应径赴总统官邸出席查韦斯总统要求增加的小型私人晚宴（夫人不出席）。但上车时发生戏剧性的变化：查韦斯总统再次打破礼宾安排，临时决定陪车，导致车队大乱：江主席车队变成总统车队，且两国元首登车后开道车立即引导离去，中方车队（包括警卫人员）被甩下，“仓促”追赶。我虽感到有些不对，但不明真相，随队抵达总统官邸，发现车队应进的大门紧闭。我急忙下车询问，警卫人员说总统车队未到，且不知在何处！

15分钟后，总统车队到，翻译告，总统决定绕行一段观赏城市夜景，故而耽搁。有惊无险，始料不及。

返回宾馆已近午夜11点。江泽民主席兴犹未尽，与部分同志谈话，精力充沛，令人折服。

我也毫无睡意，白天的一幕幕如在眼前。紧张到了极点，疲劳开始显现，但脑子在飞快地运转，检查看今天，计划看明日。明天才是最紧张、最实质的一天。一定要“强制”自己睡一会儿，以清醒的头脑和充沛的精力迎接明天。

4月16日（星期一）

“共同发展的战略伙伴关系”：

会谈热烈友好，就所有议题和合作意向达成协议。查韦斯在会谈开始前讲话中表示希望与中国建立“战略关系”。江主席说，人类刚刚进入21世纪，和平、合作与发展是各国人民的愿望。中国和委内瑞拉都是在国际大家庭中具有重要作用的国家，双方都十分重视进一步发展友好合作关系。我愿借此机会向总统阁下表示，中委之间应建立面向21世纪的共同发展的战略伙伴关系。

江主席的讲话博得查韦斯总统和在场所有人员的热烈掌声。这是一个具有特殊意义的时刻，中委“共同发展的战略伙伴关系”由此诞生。我立刻意识到这一定位的意义不仅在于两国之间，而且可能划出了我国同整个拉丁美洲关系的一个新时期的开始。

两个“重新认识”：

中午，江主席来到代表团成员中间同大家共进午餐。

江主席说，百闻不如一见。对此次拉美之行，特别是对委内瑞拉的访问，使我们感到过去对这个地区认识不足。这里战略地位重要，自然资源丰富，经济比较发达，且在历史上与中国有着类似的遭遇，当前又都面临着共同的发展任务，有着广阔的合作前景。我们应当重新认识拉美，重新认识委内瑞拉。

今天，我在会谈时宣布中委建立“共同发展的战略伙伴关系”。中委在农业、能源领域的合作确实大有可为。要抓落实，重在实效。可以选几个在农业方面有特长、气候比较相似的省帮助委内瑞拉发展农业，比如四川、湖南、两广。国家计委可以召开一次专门会议研究此事。

钱副总理说，江主席的指示非常重要，对此次访问做了很好的总结，外交部和各有关部门要认真领会并组织落实。

真是重要极了！“两个重新认识”的重要讲话，肯定将载入史册，我作为驻委大使，亲耳聆听，见证历史，何其幸也！责任又何其重也！

不拘礼节的第一夫人。

下午6时许，我正在江主席房间汇报工作，饭店大堂传来消息，说是查韦斯总统的夫人玛丽娅·伊莎贝尔在楼下求见王冶坪同志。事先没有任何约定，如此重要的“不速之客”突然造访，礼宾司官员和江主席身边人员都措手不及。我奉江主席之命去向总统夫人说明，请其小等片刻，容王冶坪同志更衣。我下去前，我的夫人已在大堂“挡驾”，但挡不住。对方说只是前来向江主席夫人送一个小纪念品，不一定见面，大使夫人转交即可，她必须马上回家换装出席查韦斯总统为江主席举行的国宴。我的夫人看到留不住贵宾，急得不知如何是好。

我见到第一夫人时，她已在向饭店外走去。我急忙趋前问候，转告江主席夫人很高兴见她，请她稍等片刻。夫人说，她未通过委礼宾司即来饭店，本已失礼；虽很希望见到江主席夫人，但时间来不及，她还须赶回总统官邸换装，否则出席晚宴迟到，总统会骂她。她留下礼品要我转交并向江主席夫人致意。我还要挽留，在场的委外交部礼宾司长半开玩笑半认真地说，夫人坚持要走，大使再强留就成了“外交事件”了。在此情况下，我来不及请示，只好送别。

送走伊莎贝尔后，我径往江主席处如实报告。江主席说，既然如此，只好这样了，责任不在大使。他指示晚宴前一定要争取安排两位夫人单独见见面。我遵示向委方提出，对方乐于安排，但宴会厅没有合适场所。我在大厅外走廊处发现一个较宽敞的角落，可临时放置茶几、沙发，当即向江主席汇报，江主席亲自向总统夫人提出，对方欣然同意，两位夫人亲切会晤，双方都很高兴。

伊莎贝尔是记者出身，生性活跃，不拘礼节，为一些“第一夫人”必须经受的礼仪困扰而感到苦恼不堪，常有“惊人”之举。两位第一夫人会见成功，起到锦上添花的效果。

欢迎晚宴在军人俱乐部宏大、壮观的大宴会厅举行。这是名副其实的“国宴”：初定200人，最后增至600人；副总统以下全体内阁成员、立法、司法机构最高领导人、三军主要将领出席；三道正菜一道汤，菜单可谓“空前”丰富；青少年交响乐团演奏助兴；查韦斯总统拿出了委内瑞拉最高的规格、最好的佳肴、最美的音乐来欢迎他心目中最尊贵的中国贵宾！气氛热烈、情深意切，江泽民主席率随行人员高唱《我的祖国》，把宴会推向了最高潮。

我和夫人陪同江主席和夫人坐下来，江主席在菜单上亲笔为我题了词：“王珍大使夫妇留念”，不胜荣幸之至！

特殊的签字和授勋仪式。

按委内瑞拉礼宾惯例和双方商定的日程，两个仪式应在总统府举行。但江主席抵委前夕，查韦斯总统坚持改在加拉加斯市最大的公众剧场“特雷莎剧院”举行，其用意一在显示两国元首的“人民性”，二在扩大规模，壮大声势和影响，显示委中关系“与众不同”。剧场2700个座位座无虚席。

中国—委内瑞拉在能源、农业等领域开展全面合作的7项协议在两国元首主持下相继签字。这是江主席访委的丰硕成果，是两国“共同发展的战略伙伴关系”的第一“波”实质内容。我看到，主席和总统、代表两国政府签字的主签人以及全场“观众”的脸上充满阳光般的笑容，一阵又一阵雷鸣般的掌声反映出人们由衷的喜悦。

仪式开始和结束时，由委内瑞拉青少年交响乐团分别演奏两国国歌。该乐团由200名青少年乐手组成，艺术水平很高，气势恢宏，震撼人心。江主席说，从来没有听到过如此大气势的国歌演奏。当两位元首走出剧院时，该乐团已提前移位到剧院外小广场上演奏委中名曲。一曲《平原心声》(被称为委的“第二国歌”)时而悠扬，时而雄壮，扣人心弦。江主席非常高兴，赞不绝口。查韦斯请江主席上台一起指挥，全场掌声雷动，欢呼声四起。

巧遇“情歌大王”伊格莱西亚斯。

中午，查韦斯总统在“国宾馆”拉维涅塔宫举行小范围午宴为江主席送行。江主席一到，查韦斯就神秘地说：“一会儿我要给你介绍一个重要人物。”

宴会厅外摆放着钢琴，房间布置典雅而清新，给人一种轻松的感觉。江主席坐下来抚琴低吟。此时，查韦斯引进一个人来。我认识此人，他是颇具传奇色彩、从“皇家马德里队”的足球守门员改行歌坛，以“情歌大王”蜚声世界的西班牙歌唱家胡利奥·伊格莱西亚斯。查韦斯向江主席引见，伊格莱西亚斯向江主席表示景仰之意，江主席也对在委结识伊而感到高兴。在查、伊邀请下，江主席引吭高歌意大利名曲《我的太阳》，查韦斯和伊格莱西亚斯情不自禁地放声伴唱，激起全场热烈掌声。

第二天，当地报纸在显著位置登出“江泽民—查韦斯—伊格莱西亚斯表演三重唱”。

一个月后，在查韦斯访华期间，江主席在欢迎宴会之外，也专门在中南海瀛台会见并宴请了他。席间，专门安排了军乐团的演员们演出节目，其中包括《平原心声》。江主席演奏电吉他，查韦斯即兴朗读古巴诗人何塞·马蒂的诗，并把自己写的赞扬江主席、歌颂委中友谊的词句插入其中。

上午9：30，江主席和夫人在饭店接见使馆工作人员、中资机构和华侨华人代表，代表团各位领导参加会见。大家严格按照预定安排到场等候。江主席对大家表示亲切问候，要求使馆和中资机构人员勤奋工作，为中委共同发展的战略伙伴关系作出贡献，鼓励华侨华人融入当地社会，事业发达昌盛。我代表被接见人员感谢江主席和夫人的接见，祝贺访问圆满成功，祝各位领导旅途平安，表示绝不辜负江主席的希望，做好工作，恪尽职守，为国争光，为推动两国关系作出应有的贡献。

机场欢送仪式同样亲切热烈。查韦斯总统和江泽民主席长时间拥抱道别，约定“北京再见”。

再见了，江主席！再见了，代表团的全体同志！

告别了热情未减的查韦斯夫妇，约定择日再谈落实江主席访委成果和查的中国之行。在返回官邸的路上，开始思考下一步的工作：接待访问高度紧张，访问成功高度喜悦，落实成果则更需高度负责啊！

六五

三天国事访问，每场情景，历历在目，仍沉浸在友谊的热情中。心潮难平，诗以记之：

阿维拉山展双臂，[①]
加勒比海敞胸怀。
奥里诺科奏佳曲，[②]
笑迎朋自远方来。

临危受命擎天柱，
继往开来显雄才。
“三讲”振奋民族志，
“代表”构筑新时代。

再登世界大舞台，
指点江山好气概。
世纪首访载史册，
硕果累累向未来。

六六

此访加深了中委双方的了解，增进了信任，促进了合作，确定了“面向21世纪，共同发展的战略伙伴关系”的定位，从而把两国关系推向一个新阶段，上了一个“大台阶”。其意义不仅在于中委，而且将带动整个中拉关系。这是互利双赢的成果，有利于双方的长远利益。

---

① 加拉加斯四面环山，最高峰名阿维拉。

② 奥里诺科河由西向东横穿委境，河下石油储量极丰。

六七

浏览当地报刊，发现几天来关于中国的报道、评论“规模”空前，而且多属正面、积极，认为江主席访问成果丰硕，意义重大，有利双方。

舆情良好，应报国内；但我估计不会“一面倒”，总会有人“挑毛病”。

六八

顷接委外交部紧急照会称：根据江主席访委期间两国领导人商定，查韦斯总统拟于5月24日—27日对中国进行“国事访问”。

原定3天，现为4天；原为“正式访问”，现为“国事访问”，表明委方有意“趁热打铁”，把“战略伙伴关系”具体化，“加速化”。

六九

委反对派为反查韦斯而迁怒于中国，抨击查为“结好中国、古巴”而“孤立于近邻”。名记者卡洛斯·梅洛重弹“委内瑞拉从与中国的良好关系中一无所获”老调，意在冲淡江主席访委的影响。

七〇

与约塞琳总司长、驻华大使蒙蒂利亚及总统府军事办公室联络员格拉中校等商谈查韦斯访华初步安排及成果设想。

七一

近来非法移民增多，委有关当局在整肃内部的同时，正在从严查办，已有不少“中国人”被传讯。媒体报道大增，有人故意炒作。此事必须注意，严防授人以柄使走势极好的两国关系受损。

七二

侨报《委华报》创刊一周年，索文祝贺，赠诗一首以鼓励其继续为团结华侨社会而努力。

委国创业坎坷多，
华夏文明赖传播。

报得春晖入万户，[1]

好教子孙记江河。[2]

不为钱财不为我，

笃守真信两原则。

爱国爱乡勤敬业，

为侨服务赞誉多。

前四句为藏头诗，“委华报好”。

七三

国内同意查韦斯如期进行国事访问。

七四

举行冷餐招待会答谢委外交部等参与接待江主席的有关单位人士。

七五

见总统，谈访华相关事宜（日程、议题、成果等）。达维拉外长在场，查韦斯当场电话指示国家石油公司总裁尽一切努力争取在访问期间签署合资兴办乳化油加工厂协议。

查韦斯表示，希望此访成为江主席访华的“后续”行动，重点是推动落实双方已达成的各项协议。他说，他的政敌们虎视眈眈，企图阻挠此访；如无实质内容，将为他们提供口实。

七六

名律师本塔塔来访。谈及非法移民问题，他提供了一个重要情况：3年前委政府曾宣布为大批哥伦比亚非法移民办理合法化手续，但许多人有顾虑不敢登记而未能实施。本塔塔说，现在是解决已在委的中国非法移民合法居留问题的好机会，可利用两国友好关系，争取委政府“一揽子解决”。

---

① 春晖，祖国佳音也。

② 江河，长江、黄河。

七七

查韦斯访华有关各项均待落实，尤以协议文本为最急者。

七八

连日来，“公正第一”党领导人胡利奥·博尔赫斯和查韦斯当年亲密战友、今日主要政敌阿里亚斯·卡德纳斯公开发表讲话，抨击查韦斯在一年前曾经访华、江主席刚刚访华的情况下，“没有理由”匆忙再做中国之行。阿里亚斯说此行目的一在旅游，二在逃避“治国责任”；博尔赫斯表示将在全代会审批总统出访计划时反对此行。

七九

与查韦斯总统共同出席中国农机交接仪式。在马拉凯市举行首批中国农机（519台）到港交接仪式。查韦斯总统携中央、地方政府大员参加，我和中国农业机械进出口总公司总经理任洪斌陪同。骄阳高照，彩旗漫舞，鼓乐喧天，人声鼎沸，隆重而热烈。种类不同、规格各异的数百台中国制造的农机排列有序，好不威风，令人振奋。查韦斯和我先后讲话。他高度赞扬中国革命和建设取得的成就，指出“展现在我们面前的这批高质量的，可与世界最先进国家产品媲美的中国农机，就是中国进步的标志”。他重申发展两国“战略伙伴”关系的决心，强调在农业领域的合作是委中合作的重心之一。他用强有力的语气宣布不久后将率庞大代表团再次访华，“同江泽民主席和中国人民讨论落实合作协议的具体方案”。

我在讲话中盛赞两国友谊，突出强调江主席的访问和不久后查韦斯的回访把中委关系推进到一个互利双赢的新阶段。

我们的讲话博得与会者热烈的掌声和欢呼。

八〇

再催委方提供代表团名单和拟签协议清单及文本。

总统夫人正式提出“单独”先期赴华，在京与总统会合。建议全国妇联安排部分行程。这是其“独立性”的又一次表现。

八一

近日学习江主席同美国离任驻华大使普里赫的谈话。江主席再次敦促美国从和平与稳定的目标出发，正确处理对华关系。引经据典，言之有据，入情入理，高瞻远瞩，发人深省。

八二

委内瑞拉石油商会会长埃尔南德斯·拉法里来访，告称委私人石油企业愿同中国企业在开发乳化油方面合作。为此，他将随总统访华，期间，愿同中国石油企业接触，探讨合作的可能性。

见外交部亚大司长，谈总统访华拟签协议事。

八三

电视报道称查韦斯总统访问俄罗斯期间在记者招待会上说，委—俄建立了“战略联盟关系”，旨在“推动世界多极化”。

显然，查韦斯政府正全力推行外交多元化，特别是加强同世界各大“权力中心”（“极”）的关系，以达在政治上提高委内瑞拉的国际地位，在经济上寻求市场、资金和技术之目的。

八四

委主教会议（天主教最高机构）发表文告，抨击查韦斯政府干涉信仰自由，破坏民主体制。

这是一个严重、危险的信号，类似“讨查檄文”，可能引起反响。看来一场暴风雨即将来临。

八五

国防部长、内政部长分别发表讲话，反击教会当局反政府言论，指出委主教会议文告已背离政教分离、教会不干政立场，更像一个反对党的文件。

八六

启程取道巴黎回国接待查韦斯访华。

八七

5月24日（星期四），**查韦斯抵京开始进行国事访问。**

江主席主持欢迎仪式，并与查韦斯进行小范围会见，大范围会谈，出席各项文件签字仪式，晚上在人民大会堂宴会厅举行欢迎宴会。

主要情况和印象如下：

1. 全部活动气氛亲切、热烈、友好，两位元首小别重逢，谈兴极高。

2. 会谈融洽、深刻，内容丰富。双方就农业、能源等领域合作的具体问题深入地交换了意见。查首次对向中方提供苏马诺油田事作了积极表态，表示委将认真考虑中方的建议。他重申了以实物（石油）支付的办法解决资金问题的要求。

3. 签署了《中委政府间高级混合委员会章程》等6项协议。一个月内，继在加拉加斯签署8项协议后又达成这么多的合作协议，用查韦斯的话说是“创了纪录”。又是一个关系达到高峰的标志。

4. 与曾培炎主任、石广生部长等交换意见，他们都强调要抓合作协议的落实工作；落实中要实事求是，稳妥扎实；要统一协调，既要对外协调，也要搞好内部协调。

5月25日（星期五）

日程十分紧张，但查韦斯情绪高涨。

朱镕基总理会见，主要就双边关系交换意见。

李瑞环政协主席会见，谈话深刻。李主席全面介绍我国改革开放的基本经验，突出“解放思想，实事求是”和一切为了人民，一切依靠人民的思想路线。

查韦斯表示希望双方加强政党、议会及社会学界的交流。他认为中国领导人总结的历史经验使自己深受启发。

查韦斯会见社科院、工程院、中国科学院等学术机构负责人，提出关于组织中委科学家论坛的建议。中国工程院宋健院长表示将派出以袁隆平院士为首的水稻考察组以及水果蔬菜、水产、地矿考察组等访委，查韦斯指示随行的部长们和驻华大使做好安排，他将亲自参与接待。

江主席在中南海瀛台会见并宴请查韦斯。江主席在晚宴上畅谈中国历史，并专门安排军队文艺工作者演出节目。江主席亲自弹起电吉他。并纵情高歌；查韦斯现场背诵古巴诗人何塞·马蒂的诗作，末尾加入他本人赞颂江主席的词句，引起全场欢笑和掌声。气氛极其热烈。这是查韦斯此行中又一次高潮。

中委高委会第一次会议。委方提出16个项目，曾培炎主任列出中方建议项目，突出重点是苏马诺油田和国家级示范农场，要求对方尽快成立主管各个领域合作项目的分委会以便协调。

对外经贸大学授予查韦斯名誉经济学博士学位。

5月26日（星期六）

陪同查韦斯总统赴成都参观访问。四川省委周永康书记会见宴请，议定四川省将派出以常务副省长为首的代表团赴委考察，团员包括全国知名的大民营企业家刘永好等。

查韦斯在旅途中向曾主任提出希望年底再开一次“高委会”，他还介绍了把APURE—ORINOCO两河流域划为中委战略合作区，西段（PORTUGUESA，COJEDES，BARINAS等州）为农业区，中段（BOLIVAR等州）为能源区，东段（DELTA）为国家级示范农场。

此构想十分宏伟，鼓舞人心，但须认真研究，从长计议。

5月27日（星期日）

参观都江堰。工程之浩大，设计之精密，果然是巧夺天工。历时2520年而不衰，依然对万顷良田发挥着“命脉作用”，真是中国文明的瑰宝。端立纪念馆前，眺望分洪都江堰，崇敬、自豪之情油然而生。

参观郫县农机厂和通威水产集团。查对所见一切都感新鲜，都想合作。其热情堪嘉，但其要求不可能全部采纳，因为：第一，项目太多，融资不易；第二，一哄而起，将带来难以预料的后果；第三，在委方，总统虽有权威，但许多事上下不通气，中间多梗阻，说时容易做时难。

四川省原拟6月中旬即派常务副省长杨崇汇率团赴委考察，说是先考察而后再研究定项目。此说固然有理，但考察也应有备而去，讲求实效。好在查韦斯亲自向张中伟省长提出：由于其本人日程的原因，四川代表团最好在7月15日后去访。

查提出希望四川省与巴里纳斯州结好。

八八

在京会见农机、中航技、华力兴、首信等公司领导，谈各自在委项目情况。

八九

返馆。一路疲劳，休息。

九〇

“委内瑞拉通讯社”（官方通讯社）采访，谈查韦斯访华和两国合作的前景。记者对中国将在委投多少资、委是否将向中国出口石油、中国农民是否要成批来委移民等问题感兴趣。

九一

与计划发展部长希奥尔达尼通话，彼告：总统将召集会议对访华成果进行评估；近期内将组建委中高级混合委员会委方各分委会。经济学家何塞·马德里被指定为高委会委方联络员。

九二

报载：委“中央大学”校董会内部就“校园信息网”项目产生严重分歧：一派坚持同中国合作，另一派对此提出质疑，焦点是中国公司的技术水平问题。质疑者提出要求中方做技术论证和软件检测。

这又是一个信号：在查韦斯的对立面加强对政府攻势的形势下，中委合作项目不会一帆风顺。要多想困难，妥谋对策。委多数人（包括与项目有关的人）对中国缺乏了解，对中国的产品和技术（特别是高科技）水平有怀疑，这是很正常的。问题在于有人出于政治目的而故意发难，这就必须引起我们的警觉。要提醒我们的同志：事实胜于雄辩，要拿出货真价实的东西来给人看。急不得，虚不得，要实实在在，以“质”服人。

九三

访梅里达市。会见州长、市长；与安第斯亚非研究中心商谈合作事宜；为人文系师生作关于中国改革开放的报告；出席《中国的经济改革：一场历史性的试验》一书首发仪式和校方举办的欢迎音乐会；接受大学电视台采访。

梅里达是委文化名城，梅里达州首府。海拔1300公尺，最高峰4800公尺，终年积雪，是旅游胜地。安第斯大学规模甚大，是全国第二大高教中心，有215年历史，仅次于中央大学。全校学生1.5万人，加上教职员工、家属和校办研究机构及企业共达3万余人，占全市人口之半，故有“半城大学半城山”之说。

安第斯大学亚非研究中心正式编制只有5人，均为知名学者，勤奋敬业，颇有建树，在南美有较高知名度。主任埃尔南·路塞纳教授温文尔雅，专心学问，对华友好，对中国了解颇深。该中心长期热心介绍中国，多次举办推动委中友好的文化活动，但因经费不足而迄无一人访华。座谈中，路塞纳主任等对此深表遗憾。似应设法促成其组团访华。

九四

与中委高级混合委员会委方主席、计划发展部长希奥尔达尼谈委方委员会组成及委方关于合作项目的设想。委各分委会由各主管部部长任主席；与中方合作项目由计划发展部“一个窗口”统一协调对外，总联络员为该部总经济师何塞·马德里。委员会负责跟踪各项协议的进展情况、存在问题并提出解决办法。委员会当前主要任务是准备接待四川省代表团，并欢迎中国农业部刘坚副部长同期来访。

九五

应邀出席“委华报”创刊一周年活动，恰逢委全国华侨超级市场联合会举行理事会。讲话勉励侨胞爱国守法，团结自强。

瓦伦西亚侨领告，当地三侨团认真考虑了我的意见，决定冰释前嫌，将于今年9月选举产生统一的会馆理事会。闻之甚喜，诗以贺之，并践昔日“兄弟把酒言欢日，我献诸君诗三篇”之承诺。

乍闻喜讯笑颜开，忽如和风报春来。
我献诸君三杯酒，酬谢侨界栋梁材。
火焰熊熊赖捧柴，众志成城金石开。
从此携手创伟业，中华精神永不衰。
中华儿女好气概，冰释前嫌大胸怀。
本是同根枝叶茂，自当共盛引凤来。

九六

应约往见总统，提前前往，与外长、计划发展部长一起等候，但终未见成。总统办公室人员告称“总统牙疼严重，实在不能多讲话”，只好以后再来。

九七

中央军委副主席、国防部长迟浩田上将将于8月下旬率团访委。

这是我到任后最高级别的军事代表团来访，必须全力以赴做好接待工作。

九八

委内瑞拉国家电力公司总裁来见，谈修建VUELTOSA水电站问题。彼告，查韦斯总统希望将这个大项目列入中委能源合作计划。该工程大坝已经建好，部分土木工程已结束，存留主要部分是装机，三个机组，总投资1.8亿美元。对方强调希望将此作为“政府合作项目”，即需我方提供政府贷款。

九九

给总统写信，陈述原拟19日面谈各点（四川团来访，农机发放，苏马诺油田，集装箱检查系统和飞机出口项目，校园网项目，住房项目，非法移民问题。）希予关照。

一〇〇

宴请国际奥委会委员弗洛尔·伊萨娃，老太太一生活跃于国际文苑体坛，至今依然风姿绰约，不愧于“热情之花”，对华极其友好。

一〇一

应邀观看委陆军纪念“卡拉沃沃战役”180周年阅兵式。出席安第斯共同体第13次首脑会议的各国领导人到场。

一〇二

安第斯共同体第十三次首脑会议在委内瑞拉的瓦伦西亚举行。会议讨论了关于深化和加速安第斯国家一体化进程问题，会后发表了“卡拉沃沃纪要”。

此次会议的背景是：第一，美国试图加强美洲自由贸易区进程，争取在2005年建成；南美洲，特别是经济较落后的安第斯地区国家处于不利地位，亟须加速自身一体化并与“南锥共同市场”联合，形成南美洲“一个声音”的较为有利的局面。第二，“安共体”一体化进程近年来虽有进展，但许多重大问题没有解决，区域内贸易额较小，成员国（秘鲁—厄瓜多尔；委内瑞拉—哥伦比亚）间亦多龃龉，亟须改变。

一〇三

拜会国防部长，谈迟浩田副主席来访事。对方表示热烈欢迎，并告查韦斯总统非常重视此访，查将会见代表团并参加部分活动。

相机了解委政局及关于暗杀查韦斯总统传闻。部长告，确有少数受美国控制和支持的人“对委政府感到‘绝望’”企图铤而走险，蓄谋刺杀总统。他们与委内瑞拉内某些政治团体勾结，并试图打进军队，但未遂。查韦斯本人经常“冲破”安全保卫措施，给安保工作造成很大困难。国家是稳定的，大局在掌控中。人民大众拥护总统，查韦斯的支持率在60%以上；军队也支持总统。

一〇四

阅读江泽民主席在“上海合作组织”成立大会上的重要讲话，其中“三新”提法寓意深刻：“以相互信任、裁军与合作安全为内涵的新型安全观”；“以结伴而不结盟为核心的新型国家关系”；“以大小国家共同倡导、安全先行、互利协作为特征的新型区域合作模式”。这是关于安全、国家关系、地区合作的重要政策宣示，是从时代和地区特点出发的重要主张。

会议确定了我国提出的以“互信、互利、平等、协商、尊重多样文明、谋求共同发展”为主要内容的“上海精神”。这也正是我国独立自主和平外交政策在新形势下完整体现和所遵循的基本准则。二十个字，概括得何其精辟！

“上海合作组织”是第一个由我国倡导、在我国成立、以我国一个城市命名的区域性合作组织，对营造一个安全稳定、有利合作的良好周边环境大有好处。

国人应为之感到鼓舞。

一〇五

出席委计划发展部召开的接待四川省代表团协调会，外长、计发部长、科技部长及几个州政府的代表出席。与会者均高度评价中委关系，欢迎四川团来访，对该团提出的初步设想表示赞赏。各州都希望在本州多搞项目。得出的印象是：委方对此访寄予很大希望，我方必须认真准备，争取有所成就；但对方期望值过高，恐难满足，应劝其“降调”，否则可能失望。

一〇六

见查韦斯总统，外交、计发、科技及秘书部长参加。主要谈接待四川省团事宜。总统表现出极其重视，亲自设计日程，安排自己会见，宴请并陪同参观考察，提议划定四个“合作区”分别考察，四个区他都要去。他还建议把四川团和农业部团分开，后者晚些时候再来，这样有利于合作计划的完善。

总统表示欢迎迟浩田副主席来访，暂定8月31日下午会见。

一〇七

会见中国农机公司下属“中工国际公司”法尔孔供水项目考察组人员。专家们告：此项目难度不大，技术上可行，可解决当地数十万人的用水问题，社会意义重大。这是个好项目，应予支持。

一〇八

“七一”临近，举行庆祝中国共产党建党80周年座谈会和文艺晚会。一曲《没有共产党就没有新中国》唱得人们心潮澎湃，热泪盈眶，“歌为心声”，信然也。大家结合各自不同的经历，畅谈对党的无限热爱之情和对中国特色社会主义的坚定信念。此情此景，感人至深。

一〇九

华人陈其仪教授来访，表示愿以自己的知识为祖国的经济建设做些贡献，可以回国讲学，也可为来委代表团和中国企业提供咨询。其情感人，其意可嘉。

一一〇

全天出席委独立日庆祝活动。

查韦斯总统在讲话中说，从今年到2011年的10年，是“白银十年”；从2011年到2021年将是“黄金十年”。把今后20年委内瑞拉的复兴比喻成“白银”与“黄金”，层次分明，循序渐进。

一一一

赴巴基西梅托市出席由中成集团承建的住房工程交接仪式。**查韦斯和夫人等出席**。查在讲话中赞扬中委友谊，感谢中国政府的真诚援助和中国工程技术人员

2000年11月8日，向查韦斯总统递交国书。

2000年11月8日，递交国书后与查韦斯总统、兰赫尔副总统亲切交谈。

在大使官邸接待查韦斯总统。

宴请查韦斯总统。

教查韦斯总统用筷子。

为了中委友谊干杯!

查韦斯总统和夫人出席我为他们举行的午宴后与使馆人员合影。

与查韦斯总统谈双边关系。

与查韦斯总统共同出席中委合作项目签字仪式。

兄弟情深。与查韦斯总统在总统官邸合影。

与李肇星副外长一起为江泽民主席送行。

与查韦斯总统会见迎候江泽民主席来访的华侨华人代表。

在法尔孔州输水管道工程签约仪式上讲话。

与中国机械装备集团任洪斌总裁一起陪同查韦斯总统出席中国农机交接仪式。

接受查韦斯总统在3000人大会上授勋后合影。

在总统专机上与查韦斯合影。

在总统专机上查韦斯与我的夫人黄蕴玲合影。

的辛勤劳动。我在讲话中强调工程是中委合作的成果，这种合作是互利双赢，将长期坚持下去。

艰苦努力，终见成果，当然高兴，诗以贺之：

喜看红旗舞东风，万众欢腾庆竣工。
友谊之树结硕果，此时无声胜有声。
心心相印跨时空，密切合作力无穷。
真情化作红顶舍①，众口皆碑留美名。

一一二

访安苏阿特吉州及巴塞罗那市和十字港市，会见州长和二市市长。

二市地处加勒比海之滨，自然条件得天独厚：大海、沙滩、群岛链形成的天然“防风墙”，宜人的气候，丰富的旅游资源，蕴藏着巨大的发展潜力。新建筑处处可见，呈现出一派繁荣、发展的景象和旺盛的“人气”，为委内瑞拉其他城市所鲜见。

安州位处奥里诺科石油带，商谈中的纸浆厂和广东省考察的农场项目均在该州辖区内；看来此州有可能成为中委合作的重要平台之一。

当地侨团领导班子比较成熟，侨胞经济状况较好，爱国气氛浓厚。

一一三

出席门德斯代外长主持的接待中国农业代表团协调会。体会到：

1. 委方（包括总统本人）高度重视，查韦斯总统决定特拨专款接待由农业部副部长刘坚率领的政府团（33人），并将亲自陪同考察重点项目；

2. 委方期望值很高。各州都要项目，并希望访问结束前能签协议。

一一四

喜讯传来；萨马兰奇宣布，下一届（第29届）奥运会的举办城市是北京！这是北京的胜利！中国的胜利！中华民族的胜利！终于等到了，盼到了！值得庆贺，大庆特庆！有诗记心情：

不啻春雷长空开，又如波涛滚滚来。
俄京忽报中国胜，锦绣山河放异彩。

① 工程200套住房均为红顶。

此时此景最动人，亿万神州同此心。

五环联结龙后代，中华腾飞世之林。

要借此良机在旅委侨胞中开展一次爱国爱乡教育。

接受国内新闻媒体采访，主要回答有关两国关系及执行“走出去”战略的问题。

一一五

接空军政委率领的军事代表团。

两国军事交流增加，实质性合作更多，这是中委关系全面发展的重要体现。

一一六

接由农业部和四川省联合组成的中国代表团。刘坚副部长和四川省委副书记杨崇汇并任团长。委方由外长、计划发展部长、副外长、驻华大使、农业部副部长组成的强大阵容前往机场迎接，规格与接待国家元首大体相当，突破礼宾惯例。副总统兰赫尔因迎接伯利兹总理亦在场与我代表团见面，在讲话中重申委政府决心全面发展与中国的合作关系。

一一七

查韦斯总统接见中国农业代表团全体成员并亲自介绍委农业情况、发展战略和“中委合作大战略”，特别是农业合作大战略。他突出强调，这种合作不仅有利于中委两国，而且有利于世界和平与发展的伟大事业。他说，中国经历了各种磨难，进入了新的历史时期。中国不接受任何人的强制，创立了自己的政治、社会、经济发展模式，为世界各国树立了榜样。委内瑞拉也在建设自己的模式，因此，中委之间有许多共同和相似之处。他重申委政府和人民将坚定不移地发展和深化同中国的合作，使两国战略伙伴关系得以落实。

会见后，查韦斯在总统府盛宴招待代表团全体成员。总统府举行如此规模的宴会，也是委礼宾上的一个创举。

一一八

农业代表团（政府团）经过两天的考察访问和认真分析研究，向委方提出可以启动的5个项目：国家级示范农场（一期5000公顷，远景规划2万公顷），巴里纳斯灌溉工程，小型示范农场（瓜伊拉），剑麻种植和加工（拉腊市）及派专家为委制定农业发展规划提供咨询。委政府生产贸易部长等代表查韦斯总统听取报告，深表满意。会后双方签署了会议纪要。

刘坚团长就委税收政策和地价问题向委方提出一些要求。

印象：考察是成功的，合作前景是美好的。要确保中委农业合作成功，必须执行循序渐进，从易到难，从小到大，不要一下子铺开的方针。重在示范，重在效益。

四川团正在巴里纳斯等地考察，也有成果。

与此同时，山东省代表团开始在安苏阿特基州落实农业合作事项。

委外交部发表公报称，中国农业代表团的访问对委具有“特殊的价值”，并说中国官员和企业家对委肥沃的土地、良好的气候、优越的环境和关税优惠很感兴趣。

一一九

瓦伦西亚侨团举行欢庆北京申奥成功大会。鞭炮动地，歌声震天，掌声如雷。礼花与星光交映，笑脸如百花盛开。民族大义祖国亲，此情此景最动人。凡有良知的中国人都应当为中华民族的这件大喜事感到无比欢欣，无比自豪，无限荣光。

中国属于世界，世界也属于中国。说到底，申奥成功是世界对中国的承认，也是中国融入世界的标志。

当地政府和外国领团的代表也出席同庆，并与我热烈拥抱致贺。作为驻外使节，与祖国同喜，与人民同乐，此时此刻最幸福！

胜利已经到手，欢乐自当继续，但不能止步于此。重要的是要以此为契机，为动力，把国家建设得更强大。办好奥运，振兴中华——这就是今后7年中国人的旗帜和目标。

一二〇

与四川“希望”集团总裁刘永好谈话，感触颇深。刘氏兄弟出身贫寒，5元钱起家，走街叫卖，商海拼搏20年，一路“过关斩将”，发展成为全国资产仅次于荣氏集团的民营企业集团，从饲料到房地产、化工、建筑业，并已闯进金融业，成为民生银行最大股东，靠的是什么？他自己说，一靠好政策，二靠好头脑，三靠敢拼搏。没有改革开放的政策和环境，便没有刘氏集团的今天；没有勤奋学习，驾驭形势的头脑，刘氏兄弟也不能在许多改革开放大潮初起时的创业者纷纷落马的情况下始终随波逐流，稳占鳌头；当然，没有20年披荆斩棘的拼搏，也没有今天的“刘氏王国”。永好先生农民出身，初中文化程度，但谈起世界风云，国家大事，“三个代表”，思路清晰，头头是道，令人赞佩。

改革推动进步，开放造就人才。是时势造英雄，还是英雄造时势？我看英雄与时势密不可分，相辅相成，彼此互动。改革开放为广大人民群众提供了施展才干的平台，而民众中的佼佼者们在这个平台上大显身手，排演出波澜壮阔的剧目来。这就是我们这个时代的特色。

—二—

当今世界是经济、科技大发展的世界。国际关系的实质是发展、合作、竞争。外交已不单纯是政治之交，友好之交，而是合作之交，务实之交。一个外交官要真正为国效力，就必须把推动经济合作和贸易交流放到重要位置，如不懂得这个道理，将是盛名之下，其实难副。

—三—

杨崇汇副省长率领的四川省农业代表团返回加市。此访成果颇丰，随行的国营、私营企业与委方签署了11项协议，谅解备忘录或意向书，绝大多数可行。

27日，达维拉外长主持总结会，下午查韦斯总统听取汇报。他在讲话中对代表团在10天紧张工作中取得的成果感到“出乎意料”，表示“极其满意”；对代表团提出的一些问题和要求，他表示将认真研究，并将指示委内瑞拉有关部门和地方当局“最大限度地提供便利”，重申关键是落实，尽快见成效。

27日晚，兰赫尔副总统主持了签字仪式和晚宴。

我对此访亦颇感满意，但也意识到落实访问成果并非易事：

第一，访问圆满成功，是双方高度重视，通力合作的结果。代表团和全体人员工作努力，认真实干，令人感动。

第二，双方合作意向明确，积极性高，落实可能性大。

第三，有利条件很多，但困难也不少。签约项目甚多，同时上马不易，应本着先易后难原则，先干成一两件事，例如两个示范养鱼场，“新希望”集团小型示范农场。

我在会上建议四川要有专门机构负责协调督办（杨副省长当场指定省发改委负责），建议委方为项目提供便利。

一二三

应旅居荷属库拉索群岛华侨华人邀请访问该岛，并出席庆祝北京申奥成功大会。

群岛位于加勒比海中央地带，由四个较大岛屿和众多岛礁组成，地狭长，从高空鸟瞰，确如碧海中一条线条柔美的项链。荷兰政府视若本土，实行高福利政策。此地华侨华人收入不菲，基本小康，子女多赴荷兰接受免费高等教育。侨团人数不多。

我和夫人及领事毛铁金遍访各位侨领，并参加侨团联欢晚宴，借机介绍祖国日新月异的发展变化，侨胞反响十分热烈，少数来自宝岛的台胞亦表现出亲切之情，可见“血浓于水”。

对侨团领袖们做了些推动联合的工作，解答了他们关切的一些问题。

一二四

连日来与委方联系全国人大田纪云副委员长来访事。今日收到委内瑞拉全国代表大会主席拉腊签署的复信，对田副委员长来访表示欢迎。

一二五

应当地市政府邀请访问拉腊州图卡卡市莫罗科伊国家公园，距加拉加斯180余公里，公路状况尚可。与市长和侨团领导人寒暄后车队直奔国家公园。这是加勒比海一片平静的海湾，岸边貌不惊人，但乘游艇进入其中，则见别有洞天：岛屿星罗棋布，“水道”蜿蜒其间；海水清澈，浅处见底，深处泛蓝；岛边或红树林密布，林内百鸟争鸣，或见细沙白滩，游客嬉戏休闲；蓦然见岛疑无路，转弯又见海无边。天高云淡，海天相连，真是海水共长天一色，百鸟与祥云齐飞，好一个人间仙境！

市长和同行的旅游开发商希望我国企业参与开发旅游业。从资源看，似可行；但旅游开发是个系统工程，投资多，风险大，恐不易谈成。请经商处的同志先来看一看，向国内有关方面推荐一下。

一二六

报载：查韦斯总统在最近一次演讲报告中说：“私有财产不是神圣的”，因为“只有人民和上帝才是神圣的”。他讲这番话的根据是大量私有土地完全处于荒废状态，说明其所有者完全忽视其存在。

一二七

查韦斯在《你好，总统》电视节目里重申关于私有财产的观点，强调“我们尊重私有财产，但是它绝不是神圣的；不仅不是神圣的，而且是魔鬼般的”。

查韦斯总统同时宣布，古巴卡斯特罗主席将于本月11日—13日访委，这将是两位领导人两年来第九次会晤。查说，此访将进一步密切两国关系。

一二八

报载：委内瑞拉国防部正式要求美国驻委使馆撤出设在蒂乌纳要塞的军事使团，理由是委军方将在该建筑群内设一个后勤机关。

目前，美国在委境内还设有两个雷达站（法尔孔州的帕拉瓜纳和玛格丽塔岛），拟在圣费尔南德设第三个站。

查韦斯执政后，委已明确禁止美在委领空做追踪贩毒飞行，已两次拒绝参加委美联合军演。

一二九

卡斯特罗访委（查韦斯任总统后第二次来访）引起舆论关注。西方媒体（尤其是美国和西班牙媒体）和委内瑞拉内反对派媒体几乎众口一词影射查韦斯试图以密切同古巴关系“对抗美国”，甚至有的评论重弹查、卡“企图建立哈瓦那—加拉加斯—北京—莫斯科—德黑兰轴心”老调。委著名报人罗梅罗把委政府要求美军事使团撤出蒂乌纳军事要塞说成是查韦斯“献给卡斯特罗的最好的生日礼物”。

对一件事情的看法竟然有如此差异，利益决定立场，立场支配观点。卡斯特罗的访问，未超出正常访问的范畴。委、古关系确有特殊之处，但与什么根本不存在的“轴心”何干？一个外国军事使团混迹于一个主权国家的军事区内本就是个“怪胎”，割除了有何不妥？以此攻击本国政府，足见委一些人在政治上的不负责任。

一三〇

访委内瑞拉西南重镇巴里纳斯州首府巴里纳斯。

巴州为农牧业地区，石油资源丰富，旅游条件亦好，但尚处于待开发状态。

人称之为“重镇”，原因是该州与哥伦比亚东南部山区毗邻，自古以来边界两侧居民往来，如邻村之交；但近十几年来由于哥伦比亚境内反政府武装出没，常将此地作为躲避官军搜剿的避难所，边界形势紧张，巴里纳斯州战略地位渐显突出。

“重镇”之重的另一个原因是，这里是乌戈·查韦斯总统的家乡，“玻利瓦尔革命”的发源地。州长查韦斯·雷耶斯是总统之父，原为小学校长，在去年地方选举中当选州长。

下午礼节性拜会州长，礼数如仪。晚上出席州长夫妇宴会。老州长较内向，不苟言笑，但看得出很友好。夫人却恰恰相反，爽朗大方，快言快语，提起儿子查韦斯她开怀大笑，真是脸上像乐开了花，美哉天下慈母心啊！我的夫人也是老教师，两位老师碰到一起交流起来有说不完的话，格外亲切。

在巴州期间，我们访问了查韦斯总统的出生地萨巴内塔镇。这是一个以农业为主，小商品为辅的农村城镇，人口约4万，镇容一般。查韦斯故居十分简陋，院落不大，房屋十余间，因久无人居，破烂不堪。门外没有任何标记，不知情者很难把此处与总统联系到一起。我不禁想起他在和我的第一次长谈中所说：“我出身于平民，自幼生活贫寒，看不惯富人欺负穷人。”这是多么真实的倾诉啊！

巴州有华侨华人近800人，州府有400余人，经营80家商铺，有一定实力，但尚无社团。我邀请几位较有声望的人士座谈，彼告称正在酝酿成立社团组织，并已向巴里纳斯市政府申请地皮修建会馆，市政当局表示支持。

返回首都途中，顺访波尔图科萨州的阿帕里瓜市。城市不大，但十分繁华。是首都至西部各州的交通要道。当地华侨社团实力雄厚，“中华商会”会馆颇具规模，可与瓦伦西亚会馆媲美。车到门前只见院内张灯结彩，锣鼓鞭炮齐鸣，好一派隆重的欢迎仪式。我与侨领互致问候亲切交谈，他们对祖国情况十分关切，对国家的发展与强大感到由衷的感慨，时而热烈鼓掌，时而笑声朗朗，赤子之心可见一斑。看到侨胞精神饱满衣着整洁，大有小康之态，我也十分高兴。应侨领们之邀，我为“中华商会”写了会名，并为会馆题写对联：“聚商界群贤齐创伟业，集炎黄子孙共铸同心。”赢得一片掌声与欢呼声，我亦以此联为“得意之作”。

—三—

查韦斯在哥伦比亚说：“我不是卡斯特罗的接班人。”此话一出，反响强烈。查、卡关系已引起美国警觉和国际媒体关注。这不仅是私人关系问题，而且是卡斯特罗之后，他高举的反美旗帜由谁来接的大问题。

一三二

查韦斯总统访问智利，成果颇丰，各界评论颇佳，媒体普遍认为“务实”，“有实质内容”，“是近来最成功的一次出访”。如此评价，实为近期罕见。尤其值得注意的是随行企业家赞扬之声最高，这表明查本人及其政府在改变形象及对外关系方面有所收获。对于稳定形势，政府开展工作和查韦斯巩固地位来说，这是好事。

一三三

与总统私人秘书亚当·查韦斯通话，总统对我6月21日给他信中提及的几个合作项目情况很关心，希望了解详情。

一三四

与门德斯副外长共进午餐，就合作项目和“非法移民”等问题交换意见。时间充裕，气氛轻松，话说得透，探讨深入，效果好。

今后可适当多采取这种“非正式”方式，避免纯“官方”会见的繁文缛节。

一三五

拜会财政部长，谈合作项目事。部长对情况了解甚深，应答亦颇得体，看来我致总统函起了作用，委方在能源、集装箱检查系统以及农机、住房项目方面都有新信息。只要双方都动起来就好，凡事最怕停滞。可见及时沟通，适时推动，特别是保持与决策层的沟通渠道极为重要。

思考：中国发展到现阶段，面临的重要课题是什么？我觉得可以概括为“内外兼修”，即：内增实力，外修形象。增实力靠聚精会神搞建设；修形象，举和平、友好、合作、发展之旗帜，树民主、进步、开放之形象。

一三六

与经商参赞陈玉明同志一起会见委内瑞拉国家电力公司董事长塞萨尔·罗梅洛，谈我企业参与建设拉文托萨水电站项目事。经我方做工作，总统、外交部亲自关照、督促，委方与项目有关的几个部门都在认真研究此事。

我认为贯彻“三个代表”思想，外交工作一定要为国家的经济建设服务，这不是一句空话。作为驻外使节，代表国家和人民的根本利益，也要体现在抓经济外交上。重大项目要亲自参与，特别是做上层的工作，工作中要掌握“火候”，适时、适当、适度，不可懈怠，但也不能随意。

一三七

晚上在官邸宴请“委内瑞拉华侨华人社团联合会”领导成员和各地侨领。同胞相聚，其乐融融，把酒畅谈，情意浓浓。会上就联合会宗旨进行了热烈的讨论，共同议定为：服务华人社会，维护会员福祉，增进中委友好，推动祖国统一。我代表使馆对联合会即将成立表示祝贺并对领导成员提出五点希望：第一，深明民族大义，致力祖国统一；第二，真诚爱国爱乡，为我中华效力；第三，热心为侨服务，维护侨胞权益；第四，办事公道认真，不图个人私利；第五，传播中华文明，推动中委友谊。

会议明确十二月中旬举行联合会成立大会，届时请委内瑞拉政府代表出席。

联合会能够酝酿成型，实属不易，当为旅委华侨华人一件大事。自19世纪中叶，首批华侨登陆南美洲以来，生息繁衍已经数代，在委华人中三四代者为数不少。一个多世纪以来，华人华侨经济状况不断改善，与当地社会融合亦颇可观，但除秘鲁外，其余各国华人社会尚未进入上层，遑论主流。我到任后为促成旅委华人华侨团结，不敢说呕心沥血，也是时刻殚精竭虑，如今已见成效，实为乐事。但此事不能放松，难免还有变数，仍须努力促成。

一三八

应委内瑞拉军方邀请，中共中央政治局委员、中央军委副主席、国务委员兼国防部长迟浩田上将率中国军事代表团抵达加拉加斯，对委进行正式访问。委内瑞拉国防部长兰赫尔、武装力量联合司令部司令林孔上将等到机场欢迎。代表团成员包括中国人民解放军总部和三军高级将领。这是迄今为止访委的最高级别军事代表团。

下午迟浩田代表团会见林孔上将。晚上兰赫尔国防部长举行盛大欢迎晚宴。双方盛赞两国、两军友谊，并就进一步加强两军合作广泛、深入地交换了意见。

一三九

查韦斯总统会见迟浩田副主席和代表团全体成员。迟副主席向总统转达了江主席的问候，重申中国政府和军队高度重视中委两国、两军合作之意，总统热烈欢迎“老革命战士”迟副主席来访，并讲了一番意味深长的话，查说：

对中国革命及其领袖们的思想印象很深，牢记在心，特别是“一切从实际出发”和“军民鱼水情”的思想是中国革命和建设从胜利走向胜利的保证，对委内瑞拉正在进行的玻利瓦尔革命也有着重要的指导意义。中委革命进程有许多相似之处，特别表现在不屈服于外来压力，为维护主权和独立而坚持斗争。

中委友好不仅有利于委内瑞拉，而且有利于拉美地区和世界和平。近两年来两国关系的发展超过过去一个世纪。两国签订的合作协议正在逐步落实，委方将全力以赴使这种合作取得丰硕的成果。

他还介绍了委美关系的情况。

一四〇

陪同迟浩田副主席参观访问卡拉沃沃古战场和委内瑞拉陆军精锐部队第四十一装甲旅，受到当地驻军官兵热烈欢迎和盛情款待。古战场爱国主义教育基地护卫营“荣誉卫队”在“凯旋门”前以最高礼节向中国将军们致敬，表演了换岗仪式，骄阳之下，汗流浃背，但受过专门训练的士兵们英姿焕发，军容齐整，迟浩田副主席赞不绝口。

护卫营长向代表团介绍了卡拉沃沃战役在委内瑞拉独立战争中的决定性作用和战役英雄们的事迹。迟浩田副主席在纪念册上题词“卡拉沃沃战役和委内瑞拉独立战争的英雄们永垂不朽”。是夜心绪难平，赋诗留念：

凯旋门下心难平，
耳边犹闻呐喊声。
横刀立马多壮志，
流芳百世颂英名。

“第一黑奴”不畏死，[①]
留取丹心照汗青。
骁勇战将入歧路，

① “第一黑奴”，全名佩德罗·卡梅略，独立战争时期玻利瓦尔军队中的黑人士兵，在卡拉沃沃战役中冲锋陷阵，身负重伤，杀出重围，强撑临危之体向统帅报告战况后死去，临终前留言：“黑人第一！”后被誉为“第一黑奴”。

功过是非史难评。[1]

一四一

在特蕾莎大剧院看南京杂技团演出，以我名义邀请委内瑞拉政府高官和驻委使节出席观看。阵容整齐，服装鲜艳，演员靓丽，演出精彩，展现了中国杂技的独特魅力，全场掌声、欢笑声、惊叹声不断。作为大使，一股为中华艺术而骄傲的自豪感油然而生。不禁想到：要是有人来问我，外交官何时最光荣？我会骄傲地告诉他：祖国光荣我光荣！

为迟浩田副主席和夫人一行送行。

一四二

宴请委内瑞拉全国代表大会（议会）外委会主任塔雷科，商谈田纪云副委员长来访事。

一四三

往见内政部移民总局局长费雷拉少将，再谈所谓“（中国）非法移民”问题，目的是争取解决近年来委的侨民居留权。此事久拖不决，侨胞屡遭刁难和敲诈，不胜其苦。作为大使，感同身受，寝食难安。少将说，大使多次口头和书面提出此事，查韦斯总统和政府十分关切，指示移民局会同外交部等部门共商解决方案。现已初步商定仿照1980年《外国人登记法》进行一次合法化登记，大约在明年2、3月份启动，希望中方给予配合。

我对委方的决心表示赞赏，并要求在启动登记措施之前要善待暂无合法居住权的中国公民。对方允诺。

一四四

纽约、华盛顿连续发生大爆炸。纽约世贸大厦被不明来历的飞机“自杀式”拦腰炸毁。从电视上看此情此景如科幻电影或电子游戏，令人瞠目结舌，难以置信。五角大楼亦遭“空袭”。伤亡恐逾数千。

---

① 玻利瓦尔麾下第一战将帕埃斯，杰出军事家，屡立战功，但在政治上与玻利瓦尔的“大哥伦比亚”思想背道而驰，且功高欺主，逼玻利瓦尔让位，自任总统，造成革命军分裂，致使玻利瓦尔忧愤而死。下台后流亡美国，客死他乡。

天方夜谭似的事件，发生在世界称霸的美国，而且选择了最容易震撼世界的目标，谁有如此精准打击的能力呢？这是对“世界霸主”何等大胆的挑战？恐怖主义发展到这样的水平，已非一般意义的“反恐”所能对付得了的，岂一个“反”字了得？此事应对美国的全球战略有所影响，亦将导致世界格局的变化。

一四五

向全馆人员通报“9·11”恐怖活动袭击美国的情况，要求大家提高警惕，注意安全。

一四六

静心思人生，重温座右铭：笑对人生，平衡心境，粗茶淡饭，适度运动，身心健康好工作；脚踏实地，宁静致远，诚以待人，鞠躬尽瘁为人民。

一四七

达维拉外长紧急召见，询问我国政府对“9·11”恐怖袭击美国后事态发展的看法和对策。

一四八

从最近迹象看，查韦斯总统正在过问几个合作项目事，都有些“动静”。这是好事。还要继续做工作，推动进展。

一四九

达维拉外长赴美国出席美洲国家组织外长会议前与我通话，告查韦斯总统非常重视并感谢就“9·11”事件与中方的沟通，要外交部及时向中方通报有关情况。达维拉外长指示外交部办公厅主任与我馆保持联系。

约见外交部办公厅主任加西亚大使，交流信息，交换看法，颇有益。商定下周在外交部举行早餐会，相互通报双边关系情况。

一五〇

拜会卡拉沃沃州长萨拉斯。

他表示欢迎中国企业到瓦伦西亚（委内瑞拉第二大城市）发展。此意见很有道理。

一五一

连日来美国领导人公开讲话极为强硬，并已开始向海湾地区派兵。一时间战云密布，剑拔弩张，大有一触即发之势。但这是一场“奇怪的战争”，只见一方，对手不明。打谁？阿富汗？伊拉克？所有被指为“袒护恐怖分子的国家”？空袭美国的恐怖分子就在美国国内。如何打法？不得而知。

一五二

查韦斯在《你好，总统》电视节目中发表讲话，公开表示不赞成“以恐反恐”，认为不应当以“反恐”为名发动一场战争；指出恐怖主义的根源是贫穷和南北差异。

一五三

出席外交部组织的中委双边关系协调会。发现委方各有关机构之间很不协调。从能矿部代表的发言看，该部似想把中委乳化油项目拖到新的“石油法”通过之后，私下早有此说法，恐非空穴来风。我发言强调应从两国元首确定的“共同发展的战略伙伴关系”的高度出发来处理这些重大合作项目的相关问题。我指出，如果等待新的法规来解决双方早已商定的项目，将意味着削足适履，不仅延误时机，而且可能导致难以预料的后果。

我的讲话对委方有震动效应。总统办公厅主任加西亚表示：大使的意见是对的。中委合作意义重大，要抓紧办，不能拖。

会议虽然没有定论，但双方增进了了解，会有作用。

出席中国电影节开幕式并讲话。放映影片“洗澡”，反响强烈，效果极佳。过去我以为所谓“第五代”导演的作品都是阴沉黑暗，晦涩难懂，没想到此片以极其简单的情节，深刻地表现了中国社会的变革，人与人关系的演变，传统与现代的矛盾和衔接，生动感人，痛快处使人笑，伤心处使人哭。很好。

一五四

门德斯副外长告：外交部已正式向能矿部提交关于中委能源合作项目的质疑，要求该部尽快给予答复。总统“国际事务内阁”已将中委合作项目列入首要、优先目标。

一五五

宴请武装力量总司令林孔上将。谈甚欢。此人相貌堂堂，高大威武，标准的军人形象，大将风度。对总统忠心耿耿，佩服仰慕，思想上很一致。

一五六

在全国代表大会（国会）听取查韦斯总统作“2001—2007年战略发展计划”报告。其指导思想是创造新的发展模式，核心是保障社会公正。在对外政策方面突出主权和尊严，重申在反恐问题上不能给美国开“空头支票”。

这是查韦斯对其“玻利瓦尔革命”思想的又一次诠释。

查韦斯宣布新建6个部：农业和土地部、科技与工业部、社会经济部、高教部、一体化事务部、可持续发展部。

一五七

近日来，国际紧张局势似有转机，小布什讲话不像前几天那样剑拔弩张，不知是吉是凶。美、欧到处发生反战示威，这对美国政府似应有所影响。

一五八

10月1日，国庆节，恰与中秋巧合（19年一遇），可谓双喜临门。

有感而发：

皓月金星喜相逢，
欢声笑语伴月明。
嫦娥欢喜舒广袖，
神龙振奋舞苍穹。
三山五岳书巨变，
长江大河庆丰登。
举杯共唱祖国好，
翘首期盼九州同。

举行国庆招待会，委总检察长，护民官，全代会第一、第二副主席、副外长，多名副部长、高级将领及各界友好人士，驻委使节共700余人出席。规格和人数均超出预计。众人趋前祝贺，盛赞中国兴旺发达，国际地位提升。国强人尊重，国弱被人欺。这是永恒的真理。

一五九

与中国石油天然气集团委内瑞拉公司等中资机构联欢。举行卡拉OK大赛，邀我参加，与民同乐，不能推却，唱歌一曲，朗诵自己赋诗一首，题为“中国石油公司之歌”，颇受赞许，抄录如下：

祖国前程美如画，
改革开放跨骏马。
中石油人听号令，
过海漂洋走天涯。
加勒比海听风浪，
阿维拉山①迎朝霞。
马拉开波②竖井架，
“老虎”滩③前把营扎。

方向对，决心大，
千难万险踩脚下。
为了实现现代化，
哪里最艰苦，哪里就是我的家。

大庆红花永不败，
铁人精神④传下来。
中石油人多豪迈，
艰苦创业好风采。
赤道骄阳红似火，
疾病毒虫如狼豺。
白发双亲依闾望，

---

① 阿维拉山，委内瑞拉首都加拉加斯城北高山，安第斯山余脉，主峰2800米。
② 马拉开波湖，委内瑞拉西部大湖，世界第二大内陆湖，水下为油田。
③ “老虎滩”，一油田名称，西班牙文译为“老虎”。
④ “铁人精神”，大庆油田著名劳模王进喜，艰苦创业，被称为“铁人”。

娇妻爱儿入梦来。
苦中乐，离更爱，
中石油人情似海。
为了祖国现代化，
我愿献出全部的智慧所有的爱。

中华儿女志气大，
艰难困苦都不怕。
中石油人多荣耀，
一路豪歌向天涯。
三老四严[①]作风好，
技术先进人人夸。
边际油田创奇迹，
平湖盛开石油花。
团结紧，力量大，
战斗胜利全靠它。
我为祖国献青春，
神州在腾飞，引世界瞩目赞中华。

2001年国庆中秋佳节赠中石油
委内瑞拉公司全体同志以志祝贺。

一六〇

出席古巴博览会开幕式，与查韦斯总统相约同去巴里纳斯州，路上深谈。

一六一

应总统邀请，同机赴巴里纳斯，途中促膝长谈，主要内容如下：

一、关于“9·11”事件及国际形势，查韦斯通报了他与俄国总统普京通话内容，重申维护主权、独立与尊严的决心。

二、认为在新形势下，中、委更应加强沟通，协调立场。

① “三老四严”，大庆油田职工创造的良好作风。

三、执政党第五共和国运动组织松散，干部队伍水平不高，这是一个严重问题。

四、强调应从“战略关系”的高度统筹中委两国合作，应有一些特殊政策。当然，这种“特殊性”必须建立在符合双方长远利益和法律的基础上。总统谈及中委乳化油、集装箱检查系统等具体项目，当场作出决定，解决了几个月来悬而未决，影响进度的问题。

谈话共进行了75分钟，内容丰富，不虚此行。查韦斯对中国的信任和期望溢于言表。没有客套，没有空话，直奔主题，十分坦诚。

一六二

美军开始空袭阿富汗，战火终于开启，真是树欲静而风不止；世界人民要和平，但和平不易来。

一六三

经荷兰阿姆斯特丹回国述职。

荷兰，低洼之国，水乡之国，鲜花之国。本为弹丸之地，自然条件亦非甚好，但经过许多代勤劳奋斗，建成为如今花团锦簇、繁荣富裕、世人仰慕的乐园。可见事在人为，自有许多可学之处。

小事偶记：与夫人一日游返城，在阿姆斯特丹市大广场旁下车，穿过广场，发现夫人手挽一件毛衣遗失。虽非重物，但心中亦怏怏。我说回去寻找，她说哪里还能找到？我让其静坐，沿原路返回。尚未到刚才下车处，突然眼前一亮，路旁一个路灯的底座上有一物件在夕阳余晖下闪光。我心中一动，快步近前，竟是遗失毛衣！捡拾者把衣服叠得方方正正，且把红色部分露在外面，意在引人注目，用心何其良苦！我心中一热，百感交集。亦感惊愕，感动颇深。这是一种什么精神？善良的人性，和谐的社会风气使然。这样的风气，没有什么意识形态背景，亦非一日“思想教育”之功可成，而是世代熏陶的结果。

在荷兰参观游览，颇有心得，成小诗数首以记之。

赞郁金香

毫无娇柔气，清新而挺拔。

漂洋又过海，装点全天下。

风车前的遐想

上下历千年，迎风画方圆。
生成无穷力，造福在人间。
曾调地下水，沧海变良田。
曾拉千钧磨，美味献桌前。
曾引宾客来，流连而忘返。
莫笑堂翁痴[1]，此物随史传。

海牙国际法院

古老，宏伟，壮观，
你代表着法律的尊严；
庄严，肃穆，巍然，
你捍卫着公正，平等和人权。

人们向你投去深沉的目光，
不仅仅是赞叹你的美丽，
更多的是对法律天平的希望
和对太平世界的期盼。

沃兰荡渔村

海湾，轮船，鲜花，
小桥，流水，人家。
没有大城市的喧闹，
也没有令人望而生畏的奢华。
看得出富足而舒适，
品得出热诚而豁达。
我赞佩劳动者伟大的创造力，
莫忘记我们的使命是
振兴我们自己的中华。

① 堂翁，指西班牙作家塞万提斯笔下的堂吉珂德，以“斗风车”传世。

南海[1]

荷人凌云志，当惊世界殊。

双手筑大堤，沧海变平湖。

一六四

四川省计委主任解洪告：四川与委内瑞拉农业合作项目已准备就绪，今日即将派人赴委启动。他表示希望通威集团项目按原计划进行；水利工程先作出设计方案与对方磋商；对际天时公司试种水稻项目尽快开始操作。四川省政府下了很大决心推动与委合作项目，旨在通过与委合作摸索出一条对外经济技术合作的新路子。

对外合作重在行动，四川的决心很大，使馆应积极协助。我们有责任为国内地方政府和企业“走出去”开道、助力。

与农业部刘坚副部长谈与委农业合作项目问题。

总的印象是：有关工作正在进行，但难度很大，需要推动。千头万绪，不可能齐头并进，一定要“从易到难”。项目越大，难度越大，务必要十分谨慎，不要匆忙决定。

一六五

见国家计委曾培炎主任，汇报中委关系近况，请示今后合作项目有关工作。曾主任表示同意我对合作中存在问题的看法。

一定要下决心抓几个实实在在的项目，特别是农业和乳化油项目，集中力量搞上去。关于第二次中委高级混合委员会会议，应在这些项目启动后举行。

一六六

近日，与中石油、国机集团、成套公司等企业高层领导接触，了解有关中委合作项目进展情况以及存在问题。总的来看情况良好，但尚须继续努力。使馆亦应多做工作。

一六七

应广西壮族自治区人民政府之邀访桂，受到当地政府极其热情的招待和用心

① 荷兰“南海”现为湖。1836年荷兰人筑坝断海，此后五年积淡水而成湖。

安排，深感自治区领导和主管部门对办好在委合作项目，特别是剑麻项目决心很大，志在必成。我深受鼓舞。过去对剑麻不甚了了，通过参观访问，了解到此物工业价值很高，广西和委内瑞拉是世界主要产地，合作潜力很大，这是一个利我利委，投资不大，难度不高的好项目，应当成为我在委项目的“突破口”。

广西的同志很务实。在自治区政府李兆焯主席会见时，我表示使馆及我本人一定遵照江泽民总书记的指示，全力支持广西及其他省区通过与委合作，促进本区经济的发展。

我和夫人游览“甲天下”的桂林风光，漓江山水，阳朔古城。首来此地，见美景天成，宛若神工，兴奋不已，诗以记之：

漓江赞

峨眉般清秀，
皓齿般轻柔。
碧水萦回，
奇峰倒影。
深潭绿树，
悬泉飞瀑。

山青，
洞奇，
石美，
水秀。

是仙女撒下
飘香的花瓣？
是观世音菩萨轻拂柳枝，
甩下一串
晶莹的水珠？

赞美妙之天工，
叹奇能之神斧。
三分山形

刻画出天地之沧桑，
七分想象
记录下美丽的传说无数。

望夫石

万仞悬崖上伫立
——多么勇敢的女人；
紧紧拥抱着娇儿
——多么慈爱的母亲；
仰头远望期盼着夫君归来
——多么坚韧的爱情；
归来吧，
快来抚慰
那一颗火热的心！

渔村

美竹蔽映，
若隐若现；
曲径通幽，
花明柳暗；
人声鸟语，
缕缕炊烟；
世外桃源，
美不羡仙。

一六八

见中联部蔡武副部长，就中委党际交流交换意见。

第三章 动 乱

疾风知劲草，板荡见真情。朋友之间，最重要的是信任。在生死攸关的紧急关头仍然笃信友谊，这是“友”字的最高境界。

一

2001年11月24日，返回加拉加斯。中石油委内瑞拉公司负责人在机场汇报乳化油项目遇到的困难。看来越到最后时刻，越需要冷静观察，沉着应对，积极而稳妥地开展工作，特别是做上层决策者的工作，以期最大限度地维护国家利益。

二

见能矿部长，就乳化油项目问题做工作，重点强调这是两国战略合作的一个重要组成部分，是两国元首的决策，是对双方都有好处的项目，希望从这个基本点出发考虑和处理具体问题。

三

陪同国务院侨办刘泽彭副主任与加拉加斯中华会馆座谈并出席宴请。

四

委政局再度动荡，主要起因是：

一、政府出台的深化改革的49项法律、法令触及特权阶层利益，激起强烈反对；

二、查韦斯关于反对“以恐反恐”的公开表态和与伊朗的关系激怒了美国，美国务院发言人宣称要“教训”查韦斯。委反对派趁机发难，内外配合。

五

会见俄罗斯大使，交换对委局势的看法。他认为动荡将持续且可能加剧，但近期内尚不会出大乱子。

六

委反对派在首都组织大规模游行示威，宣布12月10日组织全国大罢工。动荡加剧。

七

内政部长紧急约见，请求我做华人华侨工作，12月10日照常营业，不参加、不支持罢工，部长说，形势是严峻的。反对派利用罢工和游行对政府施压，坚持要求“一揽子”废除总统颁布的49项法律、法令，旨在推翻政府。但查韦斯总统拥有民众和军队支持，又有经济形势较好做后盾，是可以控制局面的。大罢工达不到目的，12月11日后一切照常。

八

达维拉外长紧急召见，奉查韦斯总统之命通报当前形势，并请求我做华侨华人和委中商会的工作，要求他们不要参加或支持罢工。我感谢通报和查韦斯总统的信任，相信委政府有能力解决当前面临的问题，使形势走向缓和；广大华侨华人勤俭谋生，希望稳定，一定会遵守委的法律法规。

九

到军事学院看望来委接受培训的特种兵学员。13名朝气蓬勃的解放军战士，将在今后两个月内到委特种兵部队接受“魔鬼式”的训练。我鼓励他们要珍惜机会，以“一不怕苦，二不怕死”的精神接受考验，为祖国争光。

一〇

反对派组织的“查韦斯走开”游行示威“初试牛刀”，参加者寥寥，仅走过三条街就宣布解散，而支持总统的人成千上万上街“保卫”查韦斯。

一一

12月10日，出席委空军建军81周年纪念大会。往年此活动在马拉凯举行，今年改在首都，看来有应对时局之需。

查韦斯着军装。他在讲话中重申坚持“革命”，强调军民团结是革命胜利的保障。他宣布将坚定不移地实施保证变革的多项法律，要求司法、检查部门对不遵守法律的人“执行法律”，声明“不与无品德者”对话。

一二

全国工商联发起的“全民罢工”如期举行，从媒体报道看，大多数私营企业都参加了罢工，有相当声势。这是一个信号，证明私营业主对现阶段政策的疑虑和不满。

一三

查韦斯在玛格丽塔岛颁布《捕鱼和水产法》。他在群众大会上讲话宣布：“委内瑞拉正在改变国体，它已经不是旧的资本主义自由化国家。玻利瓦尔的国家应当是法制和公正的社会、民主国家。”

上述宣布非同小可。这是其“玻利瓦尔革命”思想的核心。其意义和影响有待思考和观察。古巴领袖卡斯特罗出席了这次集会。查韦斯和与会者对其恭敬有加。

武装力量总监林孔上将公开披露：有退役军人煽动政变，特工部门正在调查。他指出这种煽动危害极大，有可能引发内战。

这是军方领导人首次公开揭露政变阴谋。

一四

“加勒比国家联盟”第三次首脑会议在玛岛举行，与会首脑签署“玛岛宣言”，核心内容是加强、巩固“大加勒比合作”，主要是扩大成员国之间贸易和旅游；呼吁在组建美洲自由贸易区过程中应对加勒比地区“弱小经济”给予特殊优惠和照顾。牙买加等八国被吸收为《加勒比能源协定》成员，享受委内瑞拉以优惠价格提供石油。会议谴责“霍尔姆斯—伯顿法”禁止第三国同古巴贸易的规定。

一五

昨夜得悉：委内瑞拉国会（全代会）通过了中委乳化油项目合作协议。久盼久促，今日终成，可喜可贺。这是两国迄今为止的最大合作项目，是落实两国元首确定的能源战略合作的重要一步。6年谈判，历经艰辛，多次反复，但毕竟是双方共同目标，终于化难为成，可见事在人为。

夜不能寐，诗以记之：

入夜时分传佳音，
心潮汹涌卧难寝。
六年辛苦终有报，
时光不负报国人。

一六

委政局仍在不稳定中发展。政府与反对派之间对立情绪日益加剧。查韦斯总统和反对派领导人的讲话仍充满火药味。

武装力量总监林孔上将在美国发表讲话介绍委政局，阐述军队对查韦斯“民主变革”进程的态度，明确宣布在委内瑞拉“绝无发生军事政变的可能”。这个讲话很重要。军方的态度是决定委政局走向的关键。

一七

出席达维拉外长举行的圣诞、新年晚宴。外长在致词中着重介绍委内瑞拉形势，突出和平民主变革目标不变。他说，国内外有人蓄意诋毁委内瑞拉形象，希望使节们向本国政府反映真实情况。他重申委对外政策不变，愿同所有国家友好相处，但绝对不允许任何国家干涉委内政。

使团长（梵蒂冈大使）在致词中反复强调外交使节必须“谨慎行事”。

一八

往见总统私人秘书亚当·查韦斯和门德斯副外长了解形势，并促请对方抓紧乳化油、输水管道、校园网、集装箱检查系统等大项目的最终落实。并请安排近日会见总统。

确定门德斯副外长明年1月16日会见上海世博会申办团。

一九

宴请达维拉外长和夫人及外交部高官。副外长、办公厅主任、亚太司长、礼宾司长、国际经济司司长等要员偕夫人出席，气氛热烈、亲切、友好。席间谈及：

一、委内瑞拉形势。外长说，真正的变革必须付诸行动，因而势必触及特权阶层利益，也必然遭到其抵制。政府不会退缩。查韦斯总统最近公开讲话言辞比较激烈，是反对派连篇累牍的恶意攻击所逼，背水一战，别无选择。但只靠总统一个人讲话不行，要强化政府控制的舆论工具的作用。

二、委中关系。外长认为：

1. 两国“高级混合委员会”应真正发挥协调作用。

2. 总统和委政府高层重视委中合作，但有时具体工作常被中层阻滞，这个问题必须解决。

3. 争取一周之内签署乳化油、铁路和输水管道项目的正式协议。

4. 委方在考虑聘请中国退休专家为技术发展顾问，帮助制定有关规划。

5. 以后每两周由总统府“国际内阁”（即负责国际事务的部长们组成的班子）与中国大使馆举行一次协调会，以期及时解决问题。

此外，还谈及阿根廷金融危机，外长认为阿危机对拉美，特别是对南方共同体市场肯定有影响；危机表明新自由主义行不通，私有化不是解决拉美经济发展问题的妙招。

送走嘉宾，已过深夜，雷雨交加，心绪难平。新年临近，佳节思亲，遥望祖国，感慨系之，偶成小诗如后：

才送金蛇腾空去，
又迎神马乘风来。
十二年后再交替，
看我神州重安排。

惊雷起，电闪开，
蓝天白云呈异彩。
遥望故乡隔万里，
不尽情思滚滚来。

二〇

宴请生产贸易部长及其主要助手，谈妥在我方提供的1.5亿元人民币贷款项目下兴建水利项目的承办单位及相关工作，并就两国贸易有关问题交换意见。

门德斯副外长通知：24日在外长办公室开协调会，为27日签署几个项目协议做准备。昨日宴请决定的事情，今天就有了着落，可见不是不能快，而是要找到能“快”起来的办法。

二一

召开第二次中委经贸关系座谈会，在委各中资机构、合作项目组负责人及使馆处室负责人共30多人出席。我就双边经贸关系近况，存在问题、今后思路讲了话。大家发言热烈。应当说，在共同努力下，中委经贸关系状况良好，合作项目有明显进展。我在会议结束时专门讲了形势，强调指出委政局动荡且有加剧之势，在委各单位都要密切注视，防患于未然，维护国家利益，注意职工安全。

二二

中委双方就法尔孔州供水工程（中工国际承办）融资谅解备忘录再生争执，为此，我出面与委外交部和中国银行代表进行紧急协调，历时三个小时终于达成妥协。

国家关系微妙得很：再友好，关键时刻也是各自维护本国利益，不肯轻易让步。有时真是“山重水复疑无路”。但总还是要打破僵局，找出平衡点，而这个“点”往往就是坚守自身的“底线”，照顾对方的诉求。“点”找到了，于是问题迎刃而解，“柳暗花明又一村”。这就是外交。

二三

在总统府举行中委合作项目签字仪式。隆重、热烈、友好。**查韦斯总统主持，**约我和他在主席台上同座。签署：

一、关于合资生产乳化油的协议；

二、关于修复240公里铁路的协议；

三、关于中国银行为法尔孔供水项目提供融资的谅解备忘录；

四、关于委购买价值600万美元之中国农机的贷款协议。

查韦斯总统、兰赫尔副总统、达维拉外长及其他7位部长出席。

查韦斯总统在讲话中盛赞中委友好合作，强调这种合作的基础是相互信任，这是他和江泽民主席共同奠定的中委友好合作的可靠基础。他重申，委内瑞拉将坚定不移地不断加强同中国的战略合作。

我在讲话中强调，中委合作有利双方，互惠互利，这样的合作是可以持续的。

二四

就中委关系接受委内瑞拉国家电视台采访。

二五

会见中石油吴跃文副总经理。他此行来委检查中石油委内瑞拉分公司工作，并就乳化油项目签约后工作作出部署。他请求使馆协助争取尽快得到苏马诺油田。

国家利益所系，当然责无旁贷。

二六

新年伊始，感慨万千。

过去的一年，是我国取得伟大成就，中华民族为之振奋，中国人扬眉吐气的一年。

过去的一年，是国际形势大动荡，国际格局大变动的一年，虽有几个“基本不变”，但不确定因素明显增加。“9·11”事件打乱了许多常规和预测，国际关系，特别是大国关系有大的调整。我国面临的机遇增加。

过去的一年，是中委关系取得重大发展的一年。江泽民主席访委，把两国关系提升为“共同发展的战略伙伴关系”，极大地加强了政治互信，推动双边互利合作稳步发展。虽时有问题，但总能解决，趋势良好。

2002年任务繁重，更需继续努力。就使馆工作而言，在驻在国政局动荡的形势下，要稳住神，沉住气，扎扎实实地做好形势调研和推进两国关系的工作。要坚持实事求是，以“实”定向。

二七

全代会选举主席和主席团。媒体在会前大造舆论，似有反对派将占上风之势，但结果相反，现主席拉腊仍以85：73票优势当选连任，可见“拥查派”在国会地位依然牢固。

二八

宴请财政部长奈尔松·梅伦特斯及其主要助手。部长一落座即告一喜讯：总统刚刚指示：1月16日与中方签署关于集装箱检查系统项目的合作意向书，估计6、7月份签商务合同，总额约4700多万美元。

这是双边合作中一个属于高科技产品的重点项目。几个月来多有波折，现在终于有个结果了，可喜可贺。

二九

查韦斯总统推动建立的“革命政治指挥部”宣誓就职。全代会主席威廉·拉腊、高教部部长纳瓦罗、老游击队员加西亚·庞塞等均为重要成员。

查韦斯在大会上讲话，号召支持者“以更加响亮的声音反击被人操纵的媒体造谣惑众的行径”，并对首都大区警察日前用高压水龙驱散在《国家报》(批评政府的大报）报社前抗议示威的执政党群众的行动发出警告，宣布如果再发生类似事件，他将行使权力，以国民警卫队接管警察机构。

三〇

晚上见查韦斯总统，谈1小时。

查韦斯总统诚恳而深入地谈了对形势的看法和判断，认为目前的困难远不如1999年刚刚当选总统时那样严重。现在情况不同，心里踏实，“睡得很平静”。他坦言自己“有错误”，主要是经不住对手的挑衅，有时与反对派对骂，说过头话。他说自己正在总结经验教训，强化政治基础，尽可能团结更多的人，同时加大宣传工作力度；让人民群众了解革命的目标和意义，争取更多的人支持革命。

关于中委合作项目，他强调要抓紧落实，重大事项由他决定以防延误。他明确支持上海申办2010年世博会。指示在场的新任总统府秘书部长负责接待中共中央对外联络部代表团。

三一

上午在全代会听查韦斯总统作国情咨文报告。他列举了2001年政府工作成就，综述为“政治上定位的一年，经济上成就显著的一年，社会上全面进步的一年”，2002年将是“巩固成果的一年”。

报告语调平和，用词谨慎，突出和平、民主与发展。查韦斯诚恳地表示：成就是全体国民的，错误是总统自己的，欢迎国民对他和政府的工作进行批评和监督。

查韦斯在讲话中多次提到中国。他说，2001年扩大了对外交往，特别是确定了同中、俄、法的战略合作关系。他突出提及接待“我的兄长江泽民”，列举了同中国签署的多项合作协议。议员们多次鼓掌，并有人向我表示祝贺。

查指出，一年来的外交成就表明：委内瑞拉并不孤立，并在国际社会中发挥了应有的作用。

查此次讲话的平和语调与坦诚出人意料，人们似有“久违”之感，使节们更是议论纷纷，肯定多于否定。

此次与查韦斯总统的谈话以及听取其报告引发许多思考。查韦斯的改革（他称为“革命”），对内，强烈冲击着既得利益集团长期享有的特权和固有的社会经济体制；对外，以独立自主和多极世界思想挑战着美国的权威和既有国际秩序，因而不可避免地面临内反外压的局面。这是委政局动荡的根本原因。变革愈深入，矛盾愈尖锐，斗争愈激烈。

这种动乱可能导致什么后果？还要看。反对派的目的是推翻查韦斯政权，如办不到，就退而求其次，把他压“软”，使之退却。现在看，这两个目的都达不到。大罢工无果而终，全代会夺权未成，挑动军队，离间执政党未能奏效。他们还会继续反，继续斗。动荡还要持续。

人民的支持，军队的拥戴，经济的坚挺，这是查韦斯政权不倒的三大支柱。但舆论工具基本上都在反对派手上，西方媒体全力配合，国际上对委内瑞拉形势真相缺乏了解，查韦斯政府的政绩不为人知。此种情况对查不利。

从今天的谈话和报告看，查韦斯在反思，在总结吸取教训。如能坚持下去，付诸实践，适度调整政策，假以时日，对形势的控制能力将更强。

中委友好合作是委各主流政治力量的共识。各大项目上马条件已具备，应当抓紧落实，不要动摇。

三二

原定在海关举行的正式签署集装箱检查系统合作意向书因故推迟（因与总统另一重要活动时间冲突）。

陪同上海世博会申办团会见门德斯副外长。对方明确表示委内瑞拉支持上海申办，正式答复将由查韦斯总统直接向江主席发出。

三三

会见由自治区农垦局蒋局长率领的广西剑麻项目代表团。我强调此为中委农业合作的“带头”项目，一定要办好。我勉励大家要有信心，提醒团领导在实际工作中要实事求是，稳扎稳打，特别要注意搞好与当地政府及有关部门的合作、协调，妥善处理与本地剑麻农可能产生的矛盾。

三四

前往国际奥委会委员弗洛尔·伊萨瓦宅第，举行中国奥委会以“中华体育总会”名义捐赠的体育用品仪式。伊萨瓦一再深表谢意，反复说“这是最珍贵的礼物”。

三五

陪同广西团拜会查韦斯总统。查称代表团是执行两国战略合作的“先锋队”。他说，两国元首共同确定农业、能源是中委合作全局的两个“轴心”，轴心一动，全盘皆活。剑麻是委重要的出口原料，发展、扩大剑麻种植和加工能力，意义重大，他本人极为重视，已多次指示农业部和有关部门全力配合。他提议在委全国农业公司之下设中委合资的剑麻公司负责实施此项目，委方可以投资，提供土地，组织生产合作社。

查韦斯总统的支持是这个项目成功的保障，代表团上下极其兴奋。我鼓励他们既要充满信心，又要有克服多种困难的准备。

三六

今天是委内瑞拉民主纪念日。“政府派”和反对派分别组织大“进军”，目的都是把“反对独裁，争取民主”的旗帜抓在自己手中。两支队伍路线不同，声势都很大。双方都采取了管控措施，“大进军”和平进行，未有冲突。

全代会举行纪念大会，资深记者兰赫尔作中心演讲，对政府和全代会有所批评，但指出委当前形势并非国民与自由受到威胁，新闻自由未被破坏。

总统讲话不长，但言辞仍非常激烈。

三七

在总统府举行使团团拜活动。

梵蒂冈大使在代表使团致辞中说，外交官是敏感的，“大家对委变革进程中出现的过激化和政治化感到忧虑”。我和多数使节愕然：使团长怎么能“代表”使团这样露骨地批评驻在国政府？此番讲话必将引起查韦斯强烈反响。果然，查韦斯在致答辞时说：变革是委内瑞拉内政，不容任何人干涉。没有什么“过激化”，而是“深化”，是已确定目标的具体化和宪法得以实施。他表示希望使节们客观分析委现实，如实向本国政府报告，不要偏向媒体宣传。

三八

玛岛警方搜查华侨店铺并抓走多人，迄未停止，此事不能等闲视之。第一，这可能是委移民当局大规模整治“非法移民”的信号。城门失火，殃及池鱼，华侨社会惶惶不可终日；第二，在政治上可能被别有用心者利用破坏中委关系。鉴于此，使馆必须认真对待，努力护侨。已请外长办公室转告外长，请其出面干预。

三九

国家移民局长从玛岛打电话来，告称达维拉外长指示他了解并解决玛岛华侨问题。经调查，情况如下：23名中国人持旅游签证来委，本不能办临时居留签证，但其中4人得到了这种签证。事发后，当地移民局宣布这些签证无效，因而成为非法居民，故被抓。反对派借机挑事，攻击移民局与中国人勾结搞非法移民，因此，移民局不能不有所行动。至于“搜查”中国商号，是秘密警察部门在加勒比首脑会议前夕采取的安全措施，是调查，而不是搜查。

我在电话中严正指出：

一、玛岛事件声势浩大，影响恶劣，华侨社会惶惶不安，媒体乘机煽动，这与两国友好关系不符，在政治上对中委双方不利。

二、玛岛移民处长公开说了一些对中国人很不友好的话，有悖中委友好关系，必须收回，公开道歉。

三、上述华侨通过正常手续得到居民签证，本身并未违法；委方有关人员的问题与华侨无关。

四、委中央政府早已表示，对华侨的合法居留问题要寻求一个总体解决的办法，我们完全赞成，希望早日实现，以解数万华侨之忧。在未找到总体解决办法之前，应视为过渡期，委有关当局在此期间不要打扰华侨，让他们安居乐业。这是最适当的办法。

移民局长表示完全同意我的意见，表示还是要通过一次新的普查登记来统一解决。他要求我指示玛岛侨领不要再从库拉索群岛等地引进中国同胞。我表示，我们将一如既往地要求华侨遵纪守法。

四〇

访玛岛。见侨领，听其呼声；见州市长，争取其同情和支持；见媒体，为中委关系造势，为华侨社会正名。地方当局态度很好，允关照华侨，使其避免骚扰。州长授予我“荣誉公民”称号，市长赠“金钥匙”。

接触一些侨胞，得知其创业不易。我向他们重申使馆护侨决心，同时勉励他们奉公守法，不授人以柄。我说，使馆只能保护侨民“合法”权益而不能纵容非法行为。

四一

查韦斯总统24日讲话惹恼了教会，委主教会议决定婉拒总统发出的对话邀请，并对总统观点给予公开反击。企业家组织、反对派工会和各政党趁机迎合，群起而攻之，并同时宣布拒绝与总统对话。

看来各种反对派势力必欲置查韦斯政权于死地而后快，不肯给查一日安宁。如此下去，委将永无宁日，国将不国。政府如何应对？

游玛岛，看大海，听涛声，心胸豁然开朗。诗以记之：

看海

浩瀚，
与天相接；
博大，
无边无沿；
深邃，
能容无尽之水；
壮美，
令人流连忘返。
古往今来，
有多少传奇故事
描写你的神秘奇观；

有多少文人骚客
歌颂你美妙的容颜？

你是力量的化身，
你是智慧的摇篮，
你是勇敢的象征，
你是宽宏的典范。

面对着你，
骄傲者自惭渺小；
面对着你，
悲观者顿觉释然；
面对着你，
志士仁人壮怀激烈；
面对着你，
炎黄子孙浩然正气
腾飞梦圆；
面对着你，
忽感天地如此广阔，
面对着你，
心中涌起
暖流阵阵
激情无限……

听涛

如雷，
如风
——好一派壮烈凝重的轰鸣；

如鼓，
如钟
——好一曲令人心醉的乐声；

进如千军万马；
威武雄壮，
气势如虹；

退如静兔处子；
温文尔雅，
悄然无声。

能进能退，
方显出英雄本色；
有高有低，
保持着永远的平衡……

四二

总统任命拉蒙·罗德里格斯·恰辛为内政部长，引起轩然大波。此人为退役海军上校，任秘密警察——disip情报处长时，曾受命与哥伦比亚游击队秘密谈判解救被绑架的委公民。报章早有关于他与哥游击队秘密往来的传闻。任命一出，媒体和反对派立即攻击查韦斯支持哥游击队。

四三

应巴尔基西梅托“雅坎布大学”校长邀请访问巴州。接受当地电视台采访，大学授勋，作关于中国改革开放的报告，出席校方宴请。

会见侨领，听取关于当地华侨居留问题的倾诉，领会侨胞之艰难，心感酸楚；但看到当地华侨经过多年艰苦创业，经济实力已相当可观，基本控制超市和五金、杂货市场，生活无忧。会馆很具规模，很“提气”。

会见州长，军人出身，查韦斯战友，很友好。剑麻项目部分在巴州，州长表示一定按照总统指示落实有关工作。关于华侨居留问题，我表示希望在中央政府出台最后解决办法之前，能为尚未取得合法居留的侨民颁发过渡性证件。州长允诺。

四四

政府大张旗鼓地庆祝1992年2月4日查韦斯发动政变10周年，突出渲染该事件是现行“革命进程”的“开端”。政府组织“大进军”旨在显示力量，振奋支持者士气，回击反对派攻势。查韦斯在讲话中宣布2月4日为“欢乐日”。

反对派针锋相对，宣布2月4日为“国殇日”。

四五

报传：3400名军人发表宣言反对查韦斯，其主张中包括要求取消对古巴的特殊待遇和“终止与中国之间的谅解”。

难辨真伪，但值得警惕。要求武官处认真了解委军内动向。

报载：美国国务卿鲍威尔在回答参议员赫尔姆斯提问时，点名抨击查韦斯。他说：

· 美国政府对于查韦斯的某些行为及其关于民主制度的思想感到忧虑；

· 我们对他有关反恐行动的一些评论亦感不快。他对国际反恐行动没有表示应有的支持，反而出访了某些最奇怪的国家。我不知道他出于什么动机，也不知道这对委内瑞拉人民有什么好处。

· 我们已经直接向他表示过我们不同意他的某些做法，他知道这些政策会严重伤害两国关系。

· 每当美国指示驻委大使对查韦斯的行动提出正式意见，他都要辩解一番，这表明他没有政变做法的诚意。

委报认为，这是迄今为止美国政府对查韦斯最严厉的批评。

达维拉外长就鲍威尔上述讲话对记者发表谈话。他说，委内瑞拉的对外政策是“自由的、独立的、自决的”，“我们尊重任何国家关于委内瑞拉政策对他们是否得当的观点，但我们将坚持奉行一个旨在从根本上维护我国利益的完整的对外政策”。他强调：“委内瑞拉发展对外关系无需任何国家批准。我们的国家元首认为有必要访问哪个国家就可以去访问哪个国家，从来不需要任何外国同意。鲍威尔提到的事，查韦斯总统早已说清楚了。”

达维拉说，查韦斯在2月4日的讲话中已经重申：委愿意加强与美国的关系。

委反政府媒体借鲍威尔讲话大做文章，猛烈攻击查韦斯“挑战美国”。

四六

玻利瓦尔市发生抢劫华人商店事件，当地侨民人心恐慌，组团来使馆求助。据了解，事件大体情况是：一华人店被抢，外籍保安开枪伤一人致死，被人利用，煽动连续哄抢。

我立即致电门德斯副外长、内政部办公厅主任和玻州州长，要求委方对我侨民和华人采取保护措施，对方表态甚好。

四七

拜会全代会第一副主席伊斯梅尔·希门内斯，商谈中国全国人大副委员长田纪云来访事，并交流对形势的看法。希门内斯表示热烈欢迎田副委员长来访，他将受到最高规格的接待。

关于政局，希门内斯认为，反对派目的是推翻查韦斯，但通过合法的途径办不到，因为人民拥护总统，而且反对派的联合只是暂时的、松散的，他们根本推选不出一个共同的人选来取代查韦斯。企业家组织联合会主席卡尔莫纳本来是一个很温和的人，现在作为反对派联合会的带头人与政府对立是被人利用，自以为有可能成为“过渡总统”，从而忘乎所以。希门内斯认为反对派难成大事，动荡不会太久。

这是我从政界高层人物口中第一次听到对卡尔莫纳的评论，与我过去通过多次接触得出的印象相似。他在企业界影响较大，天生一副憨厚相，有可能成为反对派阵营内各派都能接受的“协调人”。此人值得注意。

四八

美国中央情报局长和负责情报事务的副国务卿都断言：委动乱将加剧。他们全面抨击查韦斯的内外政策，并指责查“与古巴卡斯特罗站在一起”，“支持哥伦比亚反政府游击队”。

四九

在希尔顿饭店反对派组织的集会上，现役陆军上校索托身着军装上台讲话，公开抨击查韦斯总统“独裁误国”，“必须辞职”，声称军官中“反查情绪”高涨，号召“行动起来”，围攻总统官邸，发动一次类似10年前查韦斯本人领导的政变行动。

“索托事件”如一声霹雳，使原已十分紧张的气氛更加寒气逼人，对人们紧绷着的心理产生了极大的轰动效应。反对派借机造势，用“军队起来了”之类的大标语蛊惑人心，似乎天下已经大乱，查韦斯倒台在即。他们占据的“民主广场”鼓乐喧天，鞭炮彻夜齐鸣。“拥查派”“反查派”队伍同时上街，多次发生冲突。

索托以现役军人身份公开跳出来号召“造反”，此为叛乱行为，理应受到严惩。但查韦斯以武装部队总司令之尊，并未立即下令逮捕并开除军职，出乎人们预料。我认为这是很讲策略，很高明的“冷处理”：因为索托本人和反对派要的就是轰动效应，一开，一抓，他马上成为“英雄”，“冷处理”避免了被利用来挑衅的后果，同时也把这一事件定格为“个别事件”而限制了其影响。

“索托事件”确为偶发，但非偶然，而是委内瑞拉政治、经济、社会矛盾在军内的反映。它是一个信号，表明：

一、反对派“倒查”决心铁定，不达目的决不罢休，故政局不会平静。

二、军内虽总体稳定，但对现政府的不满情绪确实存在，目前主要在少数中下级军官中，且尚处于分散、无组织状态。军队与社会密切关联，社会动荡不可能不反映到军内。在社会矛盾冲击，反对派煽动的情况下，军内固有的反政府势力有可能发展。查韦斯总统如不能恩威并济，化解矛盾，军内不稳定现象可能滋长，这是极其危险的。

面对严峻形势，查韦斯总统似在认真思考对策，调整战略和策略。作为外交观察家和朋友，我觉得当前关键是缓和与企业界、媒体和工会的矛盾，降调示好，共商国是；同时巩固军队和党的队伍，确保经济发展和石油收入，夯实执政根基。在对外关系上，在坚持独立自主的前提下，适当缓和委美关系。

五〇

会见副外长门德斯将军。

关于政局，他显得镇定自若，很有信心。他说，让索托这样一个劣迹累累、狡诈多变的人出来发难，实在是反对派一大失误，说明他们手中没有像样的军人。“索托事件”是经过精心策划的，但所选非人，未达到预期目的，但唤起总统的警觉。军队是稳定的基石，决不能出问题。

关于华侨居留问题，副外长表示政府正在研究统一解决办法，搞一次“总登记”的总统令已经备好，只待总统签发。内政部已指示移民当局在“过渡期”内不要干扰华侨的正常经营和生活。

我表示希望委方主管中委合作项目的官员应以友好的态度和中方人员共事，副外长表示绝大多数官员都是好的，个别人表现恶劣已被撤职。

我对委政府的友好举措表示感谢。

门德斯将军是查韦斯总统十分信任的人。职业军人，有文人气质，对华十分友好，对我们的工作多有支持。我们之间保持“热线联系”，有急事手机一拨即通，极为顺畅。

五一

应约会见总统，通报双边关系有关信息。查韦斯是一个感情非常丰富的性情中人，但也是一个“硬汉”，很少掉泪。但此次谈话中他热泪盈眶，数度哽咽。与我拥抱四次。

他对于政局的演变表示担忧，但有信心控制局面，因为基本的力量对比未变化，人民站在政府一边，军队是可靠的。“索托事件”不可怕，不会有大的影响，但政府必须进一步做工作，特别是做稳定军队的工作，因为“稳定”靠军队，如果出乱子，也乱在军队。要总结经验教训，适当调整政策，争取尽快把形势缓和下来，使国家得到安定。已经打开了与一些反对派头面人物沟通的渠道，希望能有所成效。

总统表示希望中委合作项目尽快启动，强调这也有利于政府稳定局面。

五二

《宇宙报》在经济版很不醒目的栏目刊登全国商会联合会主席卡尔莫纳的谈话。他说，企业家只是反对政府强加一种意识形态色彩浓重的经济模式，要求政府多管经济，少搞政治。企业家组织对国家持续动乱忧心忡忡，期盼安宁。他对于索托上校在反对派集会上讲话号召政变感到惊愕。企业家组织只是要求政府改正错误，但从未要求总统辞职。

卡尔莫纳说，他本人的责任仅仅是代表企业家讲话，希望人们不要试图从他的行动中寻找政治利益背景。

以卡尔莫纳的身份，在此时发表的这样一番讲话，表明企业家不愿继续与政府对抗，因为这将极大地损害他们的利益，也表明企业家组织不愿当反对派的政治工具。

五三

农历辛巳年（蛇年）大年三十

看中央台春节联欢晚会，欢乐过节。

远在万里之外，在驻在国政局“黑云压城城欲摧”的形势下过节，别有一番滋味在心头。

再见内政部长就解决侨民居留权问题做工作。部长告，政府正在力求从结构上解决所有在委华人华侨的合法居民问题。

五四

农历壬午年（马年）正月初一

赴巴尔基西梅托，参加当地侨团新年联欢会，共度佳节，共祝祖国繁荣昌盛。

五五

查韦斯主持《你好，总统》电视节目，他在演说中只讲经济，宣布鉴于国际油价下降，为制止财政赤字上升趋势而采取压缩预算开支和货币自由波动的措施，号召全国团结一致，发展经济，共克时艰。

各界反应不一。反对派声称：“不管总统讲什么，都必须下台。”企业家组织成员有褒有贬。国际货币基金组织和外商则予赞扬。

五六

武装部队总监林孔上将发表演说称，不排除某个军人会在那些蓄意制造动乱者的怂恿下跳出来闹事，但他们在军内制造不稳定的目的是达不到的，因为委内瑞拉武装力量是非常严肃的，非常服从命令，严守法律法规的，严守玻利瓦尔共和国宪法的部队。

五七

报载：查韦斯总统召见委驻美大使和总领事，商讨委美关系。

五八

近传：美国布什总统对秘鲁施压，要求秘方不允许查韦斯总统出席将在秘鲁首都利马举行的美国与安第斯国家首脑会议，会议内容是讨论美国为鼓励反毒品而向有关国家给予贸易优惠。美国务院否认上述消息。

日前，秘鲁外长已经否认美国施压，并解释说未邀请查韦斯与会，因为委内瑞拉不是相关组织的成员。

委内瑞拉媒体就此事大做文章，渲染这意味着委在国际上被孤立，美国“反查”立场更趋强硬。

五九

原国家安全委员会执行秘书、海军少将卡洛斯·莫利纳·塔马约举行记者招待会公开反对查韦斯总统。他列举查多项罪名，集中抨击查“造成国家分裂”，已不具备担任总统的资格，必须立即辞职。

莫利纳与查韦斯同期入伍，私交甚好，一直颇受重用，只是几个月前被免去国家安全委员会要职赋闲，但据传已内定出任驻希腊大使。他地位显赫，影响远远超过索托上校，此时此刻公开反查，使舆论哗然。但他未选择在反对派组织的活动中亮相，意在表示“特立独行”，以避免被利用之嫌。

六〇

达维拉外长向各国使节通报委内瑞拉形势和政府经济措施取得的成就。他说，个别军人跳出来反政府，这是民主的象征，不值得大惊小怪。他揭露一些大媒体与过去长期统治委的政治、经济寡头集团是“一体”的，他们长期享有特权，现在这些特权没有了，自然极力反对变革。

与一些使节交谈，多认为形势虽然严重，但暂不至于出大事。

六一

据悉：总统和军方高层决定“安排”已露“反相”的拉梅达少将等两名将军退役，以防他们亦以现役军人身份公开“造反”。

委内瑞拉高等国防研究院部分学员公开反对毕业考察旅行到中国的计划，说这只是查韦斯总统个人的决定，与该院传统背道而驰，因为到一个共产党国家学不到有用东西。

六二

拉梅达将军果然站出来了。

形式与前几名军人有所不同。他身着文装在私宅举行记者招待会。他说，第一，2月1日上书总统要求辞去所任国家瓜亚那公司（主管矿业开发的国家垄断企业，与国家石油公司分掌国家经济命脉之半）董事长职务并退出现役，总统于今日批准，故从即日起已非军人，今日之事与军队无关。第二，他明确反对现役军人身着军装发表攻击上级首长的政治言论，认为军人的言论自由应受军纪制约。第三，对总统和政府的工作感到“失望”和“沮丧”，但通篇讲话未用“不满”、“反对”之类词汇。第四，只要求总统“改正错误”，未提“下台”或“辞职”。他对记者提出的“有多少军人对政府不满”之类问题避而不答。

拉梅达是查韦斯总统亲信，所任总统府秘书部长和国家瓜亚那公司董事长均为一般人难以企及的要职。我们有过多次接触，他温文尔雅，谈吐不俗，“儒将”风度。这样的一个人物如今也弃之而去，我替查韦斯总统感到惋惜。诚然，他的做法对准备“造反”的军人有一定警示作用，但毕竟是分道扬镳了。多年战友，情何以堪?

六三

全代会主席拉腊主动求见。轻车简从，交谈90分钟，涉及政治、经济形势，军队动向，党内问题，两国关系。

我就接待田纪云副委员长访问与他商谈有关细节。

六四

到第二大城市瓦伦西亚出席当地“中华会馆”春节联欢会，华侨华人及各界朋友千余人欢聚一堂，热烈，喜庆，壮观，有气势。

六五

承建水利灌溉项目的四川技术人员到，同委方商谈细节以设计方案。这是农业合作启动的又一个具体步骤项。

六六

宴请总统二哥亚当·查韦斯，就委政局和中委合作交换意见。他提出希望于今年5月或9月访华。

六七

《宇宙报》报道，“政府派”和“反对派”都认为，几个现役军人的反政府行动是“个人行为”，“孤立事件”，并非有组织、有计划的行动。玛斯党议员朗加特表示，反对派也不支持这种行为，因为应当通过宪法手段迫使查韦斯下台，而决不能采用军事手段。

两派分别组织纪念（1989年）“2·27事件”13周年大游行。“政府派”参加者近百万，“反对派”约4万人。可见查韦斯号召力仍很大。

国防部长兰赫尔中将在“政府派”游行后集会上讲话，断言在委不会发生政变：第一，没有人民支持；第二，没有军队支持；第三，也没有美国支持。他说，军队和人民支持政府是有条件的，那就是要求政府必须做好工作。

今天政府的行动显示了力量，又做出了号召全国团结的姿态，表现出仍有控制局面的能力。

六八

宴请全代会主席拉腊、副主席希门内斯等，就委政局、双边关系和田纪云副委员长访问交换意见。

席间得知：第一夫人伊萨贝尔将于今日举行记者招待会，正式宣布与查韦斯离婚并在政治上决裂，原因是感情不和，政见分歧，并有被反对派利用之故。

这又将是一个爆炸性新闻。

10年前，查韦斯政变失败入狱。当时的美女记者伊萨贝尔在采访过程中慧眼识英雄，相互仰慕而生情，查韦斯出狱后两人喜结良缘，在拉美传为佳话。如今这样一对恩爱得令人艳羡的夫妻竟在政局动荡的严峻关头而分手，对查韦斯是一个怎样的打击？

六九

工会联合会、商会联合会和教会仍在策划“空前规模”的全国大罢工，并号召军人参加。最大的国营企业——委内瑞拉石油公司所属许多单位已经出现设备被破坏、管理流程被打乱等混乱现象，显然有政治背景。政治谣言四起，小道消息满天飞，特别是“军营不稳”之说不时泛起，导致人心惶恐，已有人开始抢购备“乱”。

政府尚未采取什么稳定局面的措施。

国民警卫队司令兰迪斯将军举行记者招待会，就日前新闻记者帕切科攻击国民警卫队“保护犯罪”和他本人“炒卖美元”辟谣，申明国民警卫队作为维护国家治安的重要武装力量，不能容忍别有用心者污蔑，不能让污蔑者逍遥法外。

七〇

查韦斯在《你好，总统》节目中呼吁“开展建设性对话，抛开个人利益，把全国对话摆在第一位”。他说:“我们正在重新建设委内瑞拉。媒体说查韦斯消灭私有财产，支持游击队和贩毒者，支持暴力，要分裂国家。这是一派胡言。我所要建设的是一个伟大的国家，她拥有一个强大而明智的中产阶级，一种尊重私有制但又使之民主化的生产型经济。”他明确宣布:“我们不是要在委内瑞拉实行共产主义或社会主义的模式。我们要实行的是一种文明的资本主义，布莱尔式的人道的资本主义。”

七一

会见四川省经贸代表团，应其要求，简要通报了对委内瑞拉当前形势和中委关系前景的看法，请其报告省领导并转告参与中委合作项目的单位正确看待形势，坚定做好项目的信心，首先把新希望农场、通威渔场、际天时米业等首批项目搞好，以利示范。

七二

工人联合会、商会联合会和教会联名组织集会，公布策划多日的“纲领性文件”内容。“文件”定名为“民主协议”，既非“纲领”，亦非“宣言”，冗长而散乱，只是一种共识性的东西，可见并不成熟，也未能就在假设推翻现政府之后如何治国理政达成深层次的一致。

七三

与查韦斯一起出席签字仪式。查韦斯在总统府主持仪式，由我和委财政部长正式签署由清华同方核技术公司向委方提供17台集装箱检查装备的项目意向书。总统在讲话中高度评价中委友好合作关系，赞扬中国高科技产品质量高，技术转让慷慨大方，售后服务全面周到，技术人员高度负责。他强调这个项目具有典范的作用，标志着中委合作所有项目都将具备同样的特点。他表示希望一个月内开始安装。

七四

拜会卡韦略副总统，谈委形势和中委关系。

卡韦略，军人出身，39岁，思维敏捷，热情友好。查韦斯的忠实合作者。

他认为大局在总统掌控之中，反对派为推翻政府而联合，将因达不到目的而散伙。

七五

从拉美社会存在的深层次问题——贫富两极分化，分配不公，对外依赖，经济结构不合理，等等来看，必然会有一个探索新道路、新模式的过程。查韦斯提出的“和平民主革命”可能代表着这样的一种探索。其时机是否适当，手段是否妥善，主张是否正确，效果是否理想，均有待观察。但迄今为止可以确定的是：第一，变革是需要的，进步的，有群众基础，有历史依据；第二，阻力是很大的，要改变旧秩序，搞不好会被旧秩序吞没；第三，必须团结尽可能多的人一起变革，否则就会自己培养抵制变革的阻力；第四，必须把发展经济，改善人民生活质量放在首位，否则会逐渐失去支持者；第五，必须循序渐进，逐步深入，不能过急过激。

七六

中石油委内瑞拉分公司两位老总来谈工作。委内瑞拉国家石油公司已成为动乱的“重灾区”，生产停顿，秩序混乱，效益急转直下。这场风波已直接影响到中委能源合作项目，委石油系统内已有人开始有意刁难中方，不讲道理地要求限产，在马拉开波油田湖面工程上作梗，拖欠大笔货款。乳化油项目前期准备的关键步骤——采油区块土地转让工作停滞。

树欲静而风不止。所在国动乱不可能不殃及合作项目，更严重的是有人可能做手脚，从政治上为本在顺利发展的中委战略合作关系下“绊儿”。要促使委方意识到这一点，妥善应对，避免出现大的反复。事关两国关系，讲友好，这是前提；也要讲利益，这是基础。

七七

广西壮族自治区政府副主席孙瑜同志率团来访。据孙副主席介绍，国家计委把中委剑麻合作项目定位为“国家计委审批的地方性商业项目”，鉴于此，只能是从小到大，谨慎投资，以规避可能发生的政治风险。项目将从150公顷的剑麻种植园起步。我表示完全赞成“由小到大，逐步展开”的指导思想，但在规划时必须坚持种植与加工总体考虑，否则这个项目就失去了原有的意义，因为当地剑麻种植已有上百年历史。

孙副主席表示赞同。

七八

陪广西团拜会查韦斯总统，签署剑麻合作谅解备忘录。查韦斯总统强调，中委合作的战略意义在于对委经济全局的带动作用和长远价值，因此必须以全局的观点来解决出现的问题。会见中双方谈及签证、资金、项目用地、中委人员比例、种苗运输等具体问题，总统认真听取，重点记录，并不时向在场的农业部长和外交部官员作出指示。

七九

由中共中央对外联络部蔡武副部长率领的中共代表团应第五共和国运动的邀请来访，该党国际部长萨拉萨尔宴请。下午，“革命政治指挥部”领导人加西亚·庞塞会见代表团。蔡团长介绍了我党的基本理论和改革开放的思想，对方很感兴趣，表示希望学习中国党治国理政的理念。

广西代表团结束访问回国，行前我同该团就下一步工作交换意见，强调扎实解决落实项目过程中的一些具体问题，在做好充分准备的基础上尽快启动，为其他项目起示范、带动作用。

八〇

中共代表团与第五共和国运动领导人会谈，气氛友好、融洽。委方态度十分真诚，就党际合作问题提出许多建议，中方作出积极反应。

八一

查韦斯总统会见中共代表团。在听取蔡武副部长和萨拉萨尔关于会谈情况的汇报后，查韦斯总统说，中共代表团来访标志着中委合作的深入发展，因为执政党是两国治国理政的主要力量，党的建设至关重要。中国在这方面已经积累了丰富的经验，而委第五共和国运动还很年轻，还不是一个严格意义上的党。面对严峻的国内外形势，建党任务十分紧迫，不抓紧此项工作将犯严重错误。希望双方以此访为开端加强党际合作。

党际交流确是中委政治合作和人文交流的重要组成部分。中共和第五共和国运动作为两国的执政党，加强理念的沟通，经验的交流，人文的接触，对于增进了解，增强互信，深化关系无疑会有重要作用。

八二

一些媒体已在散布诋毁中共代表团来访的论调，《宇宙报》大字标题渲染中共将为第五共和国运动干部进行“意识形态培训”。值得注意，宜在恰当机会予以澄清。

八三

接受《国家报》记者采访，简介我党同委各种政党关系的历史，强调此次中共代表团来访是这种关系的继续，并有针对性地说明我无意对委政党进行意识形态灌输。

八四

走访中国石油公司“乙方”办事处和部分公司住处，了解工作情况。所谓“乙方”，指提供石油勘探、开采、炼油设备和技术服务的企业。近几年来，我国多家企业凭借技术优势和管理质量打入委方市场，发展很快，赢得外国石油企业赞誉，效益可观。这些公司人员年轻，有朝气，肯吃苦。待遇不高，居住环境较差，应吁请主管部门争取改善。

八五

近几周委政局相对平静，主要表现在：

一、查韦斯总统在处理国家石油公司纠纷、与工人联合会矛盾、教会关系等方面比较谨慎、温和，避免激化矛盾。政府要员纷纷与工会和教会领导人对话，要求和解。反对派虽未肯让步，但民众已“厌战”，年初那种剑拔弩张的形式多日未见，发难军人如昙花一现，无人理睬。

二、查韦斯在处理与美国和哥伦比亚关系方面采取主动，面对美国要员的指责，查韦斯表现冷静，未猛烈反击，并通过派遣代表团访美和接见美新任驻委大使示好，意在转圜。反对派多次派人赴美寻求支持，美方虽仍对查的某些做法表示不快，但申明查是“民主选出”的总统，美反对以政变方式推翻他，给委反对派泼了冷水。哥伦比亚内战再起，反对派重弹查韦斯支持哥游击队老调，试图挑拨委哥关系并促美压查，但查韦斯从容处置，正面表态，并向哥政府引渡游击队骨干，委哥关系略显缓解。

三、经济调整措施见效，外汇流失减缓，储备增加，货币贬值有所遏制，物价虽继续上扬，但打击投机有效，未成大乱。国际油价连续四周持续上升，已恢复到去年8月水平，委政府大松一口气。华尔街投资者重新表示看好委经济。

查韦斯总统应抓住机遇，扩大战果，推动和解，稳定局面，并大力抓经济。果如此，则形势好转，国家幸甚，人民幸甚。

八六

田纪云副委员长率全国人大代表团抵达加拉加斯。委全代会领导、外交部有关负责人和华侨代表到机场迎接。

八七

与中国机械装备集团（国机）总裁任洪斌谈工作。

八八

陪同田纪云副委员长活动。

会见查韦斯总统，双方就各自国内形势、治国方略和双边关系广泛交换了意见，田副委员长转达了江泽民主席和李鹏委员长的问候，查韦斯感谢并请田副委员长回致问候。他说，“我和江泽民主席把委中关系确定为共同发展的战略伙伴关系，既着眼于两国的利益，也是促进世界和平发展的需要”。他强调委内瑞拉把发展同中国的关系作为委对外政策的优先目标。他表示欢迎中国领导人“随时来访”，自己也会“随时”提出访华，因为两国最高层的亲密交往是两国关系不断深化的保障。他还提出两国进行“立法合作”，欢迎中国专家帮助委方制定“特区法”。

田副委员长对查韦斯总统关于两国关系的论断表示赞赏，并应总统要求介绍了我国改革开放的基本经验，突出阐述解放思想，实事求是的思想路线，发展是硬道理，建立市场经济，对外开放和对内搞活，发展多种经济成分等理念和实践，查韦斯专注认真听取，不时提问。

谈话在亲切、友好、坦诚的气氛中进行了80多分钟，秘书几次提醒多位部长候见，查韦斯挥手令出，到不得不结束时兴犹未尽，告别时对我说“找时间接着谈”。

拜会议长，会见由各党派议员组成的议会委中友好小组，并在会议大厅发表演讲，介绍中国改革开放成就和对外政策，强调中国全国人大重视发展同委内瑞拉的战略合作伙伴关系，愿同委全代会一道为此而共同努力。在回答议员提问时，田副委员长重点阐述了我国发展的基本理念，很受欢迎。

在与委中议员友好小组座谈时，各党议员在发言中都表示本党乐见委中合作成果，并愿为推动这种合作贡献力量。多位议员一致认为，致力于推动对华合作，是目前委各党之间鲜见的共识。

参访卡拉沃沃古战场，出席当地侨团宴请。

八九

田纪云副委员长结束访问回国。圆满成功，皆大欢喜。

九〇

全国工人联合会紧急会议宣布：鉴于政府拒绝接受工会提出的要求，继续坚持错误政策，决定4月9日举行24小时（可延长到48小时）全国总罢工。

刚刚平静几天，风波又起，目的仍是推翻查韦斯政府，且罢工将覆盖全国，后果难料。

九一

总统发表演讲，宣布对国家石油公司工潮的处理办法：解聘带头闹事的7名高管人员，另有12名高管退休，并对无故旷工和在上班时间挑动骚乱者给予纪律处分。他在讲话中还披露：在旧法律保护下，石油公司上层享有巨大特权，“他们是寄生虫”。

政府的决定是对工会和国企高层的警告，工会号召总罢工则是对政府的反击。

九二

全国性大罢工。

政府和罢工组织者（工会和商会联合会）都宣布“胜利”：政府说全国秩序基本正常，政府机构、公共服务部门正常工作，公交、学校、商店照常上课、上班。媒体报道委“陷入瘫痪”。

双方说法均不符实。罢工对生产和居民生活确有影响，但尚未达到“瘫痪”程度。心理影响则更大，人们不知道明天会发生什么。

组织者宣布罢工再延长24小时。

九三

48小时大罢工成效不大，商会联合会和工会联合宣布开始“无限期大罢工”，并通过媒体放风：目标是压政府让步，要总统下台；迫使政府宣布“全国紧急状态”以促使国际社会关注。为此，不惜破坏经济，制造动乱，激起民愤，乱中取胜。

形势更加严重，已依稀可以嗅到一丝血腥之气。到处是三五成群的人们不安地议论时政，随处可见彼此攻击的标语。加上淫雨绵绵，更加令人感到黑云压城，山雨欲来。

九四

4月11日（星期四），政变日。

商会联合会和工会联合会组织大游行，事先宣布游行队伍最后集中到国家石油公司门前广场集会。与此同时，“拥查派”也组织声势浩大的游行队伍，在总统府周围街道上集结。两派对峙场面，在电视画面上清晰可见。两派电视台的主持人均慷慨激昂，为本派队伍助阵加油。突然，反政府派领导人决定游行队伍改变方向，“向总统府进军！”形势突变，因为这等于是吹响了目标直捣总统府的冲锋号，而总统的支持者们早已在那里严阵以待，两“军”相接，岂有不发生冲突之理！

“改向”，是一个标志，一个关键性的标志，意味着事情的性质和严重程度发生了根本变化。自此刻起，游行示威变成了暴力冲突。

枪声突起，流血，双方人员各有死伤，形势大乱，一片恐怖气氛，电视信号中断，现场情况如何早已不得而知。

总统发表电视讲话，揭露反对派意在发动政变，号召国人镇静，推动全国和解。

反对派领袖发表电视讲话，指责总统动用军队镇压和平示威，号召民众坚持斗争。

两派相互指责对方开了第一枪。

形势急转直下。

国民警卫队除司令以外的全体高级将领、内政部主管安全的副部长（中将）、陆军司令相继宣布辞职，并公开谴责总统动用军队镇压群众，要求查韦斯辞职。

深夜11时，国家电视台信号突断，反对派控制的各频道播出正常，看来已有人动了手脚，这表明形势更加严峻，可能已经失控。

仍在正常播出的反政府电视台取消所有安排好的节目，反复播放白天游行示威场面，指责政府镇压民众，欢呼胜利在望，查韦斯时代即将结束。

官方电视广播均停，已无法了解拥查派信息。

4月12日（星期五）

凌晨3时许，“最高军事指挥部”集体亮相，陆军司令巴斯克斯中将带头，宣布查韦斯已经离开总统府，军方负责维持国家正常秩序，并将与“民主行动”的组织者工会和企业家组织组建“过渡委员会”共同商讨国是。

巴斯克斯成为政变军人之首，完全出我意料。他是查韦斯心腹爱将，不久前率团访华，我为他洗尘时，他还说了许多颂扬总统，赞扬委中友好的话。

怪事连连。不断有人打电话，有的要求政治避难，有的询问政府要员行踪，有的攻击中国政府支持查韦斯，想把委内瑞拉共产化。区别对待，有理有礼有节。这对年轻的外交官们是个很好的锻炼。

古巴驻委使馆被反政府势力包围，断水断电10小时，并有冲馆之势。古巴大使打来电话紧急求助，表示将誓死保卫使馆。世界粮农组织代表亦来电请向古巴使馆施援。围攻外交使团所在地，是违背维也纳外交公约的行为，令人气愤，但动乱时刻，难以避免。我多方努力，终于打通国民警卫队司令电话，向他说明事态的严重性，请其派部队解古巴使馆之困，并增加对我馆的保护。

友人告，按照反政府势力中强硬派的计划，攻击目标一是古巴使馆，二是伊朗使馆，三是中国使馆。想非空穴来风，必须严加防范。一方面加强内部安保措施，另一方面通过武官与军方高层联系，要求委方负起确保我馆安全的责任。对方明确允诺。

卡尔莫纳以“临时总统”身份主持参与政变的多派力量“分权”和“新政府就职”大会。会议首先通过决议，宣布废除委内瑞拉“玻利瓦尔共和国”国号，恢复为“委内瑞拉共和国”；废除“委内瑞拉玻利瓦尔共和国宪法”，将制定新宪法；罢黜查韦斯总统职务和原政府所有成员职务，组建临时政府，等等。

美国和西班牙大使率先向卡尔莫纳“致贺”。

加拉加斯街头一片混乱，打砸抢事件不断，依稀可闻零散枪声。两派小规模武斗偶发。传言极多。

查韦斯下落不明，有人说已被杀害，多数人否认，有消息称最高军事指挥部成员反对处死查韦斯，因为这使将军们无法向部属交代。

我与查韦斯身边人物的联系方式全部失灵。

4月13日（星期六），逆转。

“过渡政府”就职会议继续。从电视上看，新“阁员”们踌躇满志，神采飞扬。

11时许，大批支持查韦斯的民众开始在总统府周围集结。数以万计的人们从加拉加斯四周山上贫民窟鱼贯而下涌向总统府。他们高呼“查韦斯！查韦斯！”口号，挥舞查韦斯画像和第五共和国运动旗帜，有的人攀上总统府围墙。突然，电视镜头中出现头戴红色贝雷帽，身着绿军装的总统卫队官兵登上房顶，与登墙民众握手。

12：30左右，“新阁”成员们仓皇走出会议室，向总统府后门走去，他们低着头，脚步匆匆，失去了开会分权时的神采。（补证：后来得知，“分权”大会正在进行，总统卫队队长带人进入会场，宣布“你们的行动是非法的，你们被捕了。现在支持查韦斯总统的人已经包围了总统府。为了你们的安全，请摘下领带，从后门悄悄地离开”。就这样，“就职仪式”结束，“新部长”们尚未就任便已下台。）

13：00　总统卫队正式向民众宣布：继续忠于查韦斯总统。

聚集在总统府周围的民众已达30万人，红旗飘舞，欢声震天。完全是一边倒，“反查派”未组织任何对抗活动。

形势根本逆转。

15：00　劳工、卫生部长伊斯图利斯进入总统府。

18：00　副总统迪奥斯达多·卡韦略就任代总统宣布“新政府”非法。有消息称，几小时后查韦斯将重返总统府。

20：00　国家电视台恢复播放。分头避难的多位部长陆续进入总统府。

21：00　拨通总统二哥亚当·查韦斯手机。他告诉我“革命”再次胜利，查韦斯即将返回。我表示热烈祝贺。

4月14日（星期日）凌晨，查韦斯归来。

2：50　查韦斯乘坐军用直升机重返总统府。他走下舷梯时，灯火辉煌，人声鼎沸，电视中看到每个人都是热泪盈眶，极为感人。查韦斯在夫人和女儿陪同下出现在二楼平台上。他略显疲惫，但笑容满面，向人们招手致意。他感谢人民的支持，军队的忠诚，感谢国际舆论和国际组织支持正义。他呼吁不要仇恨，不要敌对，全国和解，迅速恢复秩序和稳定。他表示绝不报复和迫害，不计前嫌。要求政府和反对派都要认真进行反思，他本人将率先垂范，纠正错误和失误。

此时距离他被挟持出总统府，恰为47小时。

这短短的47小时，委内瑞拉天翻地覆，对许多人来说是一场大风暴，也如一场梦。两个大逆转：一个逆转，“示威”变成政变，“政治强人”查韦斯成为阶下囚；再次逆转，政变失败，查韦斯凯旋而归。其实，“逆转”的根本动力在于力量对比。长期的动乱造成人心惶惶，思想混乱，以至于查韦斯的支持者们也一度方向不明，是非不清，反对派的煽动容易奏效。委内瑞拉政治舞台上的力量对比并未发生根本变化，人民和军队仍然是查韦斯政权的主要支持者。动乱和政变虽有军人参与，但人数很少，且多是上层，没有直接掌握部队的带兵官，“权”仍在查韦斯支持者手中。“最高军事指挥部”被裹挟参变，但并未号召军队闹事，而且客观上避免了查韦斯被杀害。

九五

4月15日（星期一），形势基本恢复正常，只是在首都和外地一些城市仍有抢劫商店事件发生。

反对派沉默，媒体转向温和，不少政界人士呼吁加速实现全国和解。

查韦斯总统连日主持内阁会议商讨推动和解，稳定局面，尤其是稳定和发展经济大计。

卡尔莫纳已被捕，他成为40多年来委内瑞拉在位时间最短（不到24小时）的“总统”。

参与政变的塔马约等将领被捕。

查韦斯举行记者招待会，回答了有关政变、时局和将采取的政策措施等许多问题，要点如下：

一、在被带出总统府之前，政变组织者们要求他在事先准备好的辞职声明上签字，他坚决拒绝。在蒂乌纳军事要塞，政变将军们在与关押他的房间一墙之隔的会议室发生激烈争论，有人主张如他不辞职就处死，遭多数人反对。在此情况下，他再次拒绝签字，对将军们说：“你们可以杀死我，但我仍然是合法总统，绝不会签字辞职。”再被送出首都之前，他被允许与夫人和女儿通话，告诉她们他从未辞职，要她们向国际社会传递这个信息。

二、从失去自由到被送到奥尔奇拉岛关押，换过5个地方，从未受虐待，看守士兵对他很尊重，称他为“总司令”。在图里亚莫，一个名叫罗德里格斯的青年士兵主动表示愿意为他“做些什么”。正是在这个士兵的帮助下，他亲笔写下对于此次政变大结局具有决定意义的字条：“我，委内瑞拉共和国总统乌戈·查韦斯·弗里亚斯声明：我未放弃过人民赋予我的合法权力。”在罗德里格斯帮助下，这个信息被传送到已经宣布与查韦斯离婚，但尚未办理法律手续的玛利亚·伊萨贝尔手中，她以“第一夫人”身份向全国和全世界公布了这一消息，振奋了查韦斯支持者的士气，也使千方百计营救他的军官们知道了他所在的地方。

三、他对卡尔莫纳和参与政变的将军们表现出宽容态度，表示支持以法律公正处理，绝不怀恨报复。他还公开承认自己所犯错误，例如在电视节目中公开点名批评持不同意见的人。他说，人都会犯错误，知错改错就好。

四、澄清了一些重大疑团，特别是有关武装力量总监林孔上将在政变中的表现。查韦斯说，林孔将军是“真正的士兵”，在被政变将领围攻，与总统隔绝的情况下，他因误信总统已经辞职而说错了话，但并未支持，更未参与政变。

五、他宣布免去罗桑多中将职务，因为他“在关键时刻背弃了军人的神圣诺言”。罗桑多素以“最”忠于查韦斯著称。常随侍左右，唯唯诺诺。亲信倒戈，对查韦斯是一个沉重打击。他在宣布这一决定时，神情凝重，略显悲怆。

六、在涉及美国、哥伦比亚与政变的关系问题上他十分谨慎，未直接指责，只说有关部门正在调查中。查韦斯上述讲话温和而不失原则，真诚而充满自信。在政变刚刚平息，群情依然激奋，气氛十分紧张的时刻，多数人认为他将对参与政变者，特别是对其中的军人采取强硬打击政策。他的态度出人意料，效果颇好。

卡韦略副总统说，参与此次政变的现役和退役军人共80人。这是一个可观的数字，表明军内“反查”势力不可忽视；更严重的是三军司令均有不同程度卷入，近期内必有大规模人事变动和军内整肃。

九六

江泽民主席电贺查韦斯复职。我立即致电总统副官莫拉莱斯上校“要求”面见总统，并先将江主席贺电电文传真总统办公室。

九七

13：20 **查韦斯总统打来电话。**他对江泽民主席的关心深表谢意。他说："在这样的时刻，中国的支持比任何东西都更宝贵。"他约我明天面谈。

九八

卡尔莫纳已被软禁家中。他向报界发表简短声明，认为"4·11政变"表明应当实现全国和解，表示希望查韦斯"改变政策"，真正实行民主。

九九

美洲国家组织秘书长、哥伦比亚前总统加维里亚访委，了解"4·11政变"情况并听取各党派意见。他强调查韦斯政府是委内瑞拉的"宪法政府"，他提醒各派充分认识"政见极端化"是非常危险的。他说，整个拉美都为这一事件感到忧虑，认为它开了一个恶劣的先例，即破坏宪政秩序，这是最严重的问题，美洲国家组织成员国外长会议将专门讨论这一事件。他要求委各派通过对话求得共识，解决问题。

一〇〇

上午10：00**会见查韦斯总统，**卡韦略副总统在场。大难后重逢，格外亲切而激动。热烈长时间的拥抱之后，我转交了江泽民主席贺电和我国外交部发言人谈话文稿。查韦斯非常感动，请我向江主席和中国人民转达他的"无限感激"和"最真诚的友情"。他说，在最困难的日子里，特别是在被囚禁于奥尔奇拉小岛时，他思考了很多问题，包括同中国领导人的友谊和委中合作，这给他增添了战胜困难的勇气和必胜的信心。他说，反思之中，我认识到自己的某些错误，主要是不能正确对待与自己意见不同，特别是批评自己的人，因而导致一些曾长期共同战斗的人站到反对派一边去了。在某些政策问题上也有偏差。当时我想，如果我能回到总统岗位上，我一定要改正这些错误。目前，我们正本着这样的思路在处理政变遗留下来的问题。

谈话进行两个小时。卡韦略副总统有要务请示，查韦斯只好结束同我的谈话，指示总统府秘书长巴尔加斯陪我共进午餐。

倾心长谈，受益匪浅，不仅使我了解了不少政变内幕，更重要的是再一次"深入"到查韦斯在处理这一重大事件时的深层次思考，领会到他在困难和挫折面前的“双重勇气”：不动摇，坚不可摧；善思考，勇于面对；能屈能伸，可成大器。

一〇一

正在加拉加斯访问的美洲国家组织秘书长加维里亚发表讲话说，该组织对委内瑞拉恢复宪法秩序和查韦斯重掌总统职务感到高兴。他说，不应允许军人参加政治争论，因为这是非常危险的。他希望政府与各界对话，反对派应当给总统时间和“修正错误的机会”。

罗马教皇也呼吁委内瑞拉实现全国和解，认为所有委内瑞拉人都应从“4·11政变”中汲取教训。

一〇二

查韦斯总统主持“联邦政府委员会”筹备会议，作为全国“对话，和解”进程的启动之举。这是一个“统战”式的机制，吸纳多党派领导人和全体州长、省会城市市长参加。两年来，反对党选出的地方政府首脑首次与总统和执政党籍的官员们坐在一起。

查韦斯在会上再次表现出和解姿态和修正错误的诚意。他宣布“佩剑入鞘，永不拔出”，要求反对派“也要思考和修正”，强调对话的基础是承认宪法。

全代会决定成立由25人组成的“真相调查委员会”，负责调查“4·11政变”。

美洲国家组织大会讨论委内瑞拉形势。与会者一致谴责政变，对查韦斯重掌政权表示祝贺，希望委内瑞拉按民主体制消除分歧，实现全国和解。

美国总统小布什发表谈话，谴责“破坏宪法秩序”的行为，但“查韦斯应吸取教训，尊重民主和言论自由”。

一〇三

《宇宙报》载文披露：

一、卡尔莫纳丢弃的一些文件表明动乱和政变是经过精心策划的，列举了多次密谋会议的内容和出席者名单。

二、4月11日反对派大游行本来是按照事先规定路线行进，途中，全国工会联合会主席奥尔特加突然振臂高呼：“向观花宫（总统府）进军，我们今天就推翻那个暴君！”改变了整个事态。

三、政变发生前后，查韦斯政府内部也有分化，有的部长表示要看看新政府有关的新举措之后再表态。

一〇四

工会领袖奥尔特加露面，声称“立场不变”，但表示愿意与总统见面。

一〇五

公正第一党领袖卡普里莱斯和民主行动党领导人再次公开要求总统辞职，重新举行大选。

各大报公布大批材料，指称美国幕后支持政变。

一〇六

报载：“过渡政府”任命的秘密警察头目奥维迪奥·波吉奥利将军4月11日曾部署冲击古巴、利比亚、中国大使馆，搜捕查韦斯政府要员。

一〇七

反对派在查韦斯的“合法性”上做文章，理由甚多：合法上台，但执政不当失去合法性；4月12日凌晨“在人民革命怒潮中逃离总统府”，因而不再合法；下令镇压民众，因而不合法，等等。

一〇八

国防部长兰赫尔会见美国大使，表述与美改善关系之意。

一〇九

往见总统私人秘书亚当·查韦斯，他就政局和政府工作谈及以下看法和情况：

一、总的来看形势趋于稳定。对话已经开始，反对派营垒略显分化，多数党派立场松动，态度温和化。

二、问题还很多，不可掉以轻心。当务之急是把一些重大问题调查清楚，特别是策划政变的内幕和4月11日首先开枪挑起流血事件的神秘枪手。政变阴谋从策划到实施有一年之久，很周密，也很残忍，不惜制造流血事件煽动大乱。政府的失误在于情报部门对形势估计不足，未能及时正确应对。

三、军队总体是好的，特别是中下级军官和基层部队是忠诚的。问题出在上层。将军阶层是个特权阶层，与一些传统老党关系密切。他们享有的特权也受到改革的冲击，因而不满。

四、目前总统主要抓以下几件事：

1. 全国性对话，已经有了良好开端。

2. 调查政变策划过程和枪击事件。

3. 整顿军队。

4. 改组政府，整顿党的队伍。

5. 以国家石油公司为突破口抓经济发展。

一一〇

与清华同方核技术公司领导谈工作。该公司向委内瑞拉提供集装箱检查系统项目，在克服了重重困难之后目前进展情况良好，即将进入商签金融合同的阶段。我强调一定要确保产品的质量和售后服务，做到一炮打响，持续发展。

一一一

出席委内瑞拉财政部举行的关于集装箱检查系统金融谈判的开幕式。委方财政部长、生产贸易部长、审计长等出席，规格很高。

一一二

“全国大辩论总统委员会”举行第一次会议，政府和各方代表共39人为成员。这是一个官民混合的对话平台，面向各界、各党派。但未见工会和反对党人员代表与会。

一一三

“五·一”节两派大游行，“拥查派”人数略显多于对方，未发生冲突，但“火药味”未减，所呼口号都充满政治对立情绪，未见劳工性诉求。

一一四

看望加拉加斯在政治骚乱中被抢劫的华商，询问情况，表示慰问，允诺可推动委政府有关部门给予补偿，鼓励他们自己按当地法律法规自行申请补助。侨胞、侨领对使馆的关心一再表示感谢。

一一五

连日来，全代会“政治委员会”（由全代会主席和有关委员会主席组成）对卡尔莫纳等政变首领和政府、军方参与政变人员进行质询。

一一六

出席新任国防部长林孔上将就职典礼。查韦斯在讲话中说：对话、和解是必要的，但必须在宪法框架内和民主前提下进行。他说：“在宪法之内，什么都可以谈，宪法之外一切免谈；在民主前提下一切错误都可以修正，而没有民主，则谈不上修正错误。”

一一七

美国国务卿鲍威尔在“美洲理事会联合会”上说，委内瑞拉“正在接受民主的考验”，呼吁委“政治领袖们”应通过宪政和民主的渠道解决国家的问题，要求查韦斯“信守新的民族和解诺言”，与美洲国家组织合作，在美洲民主宪章框架内行事。他说，现在“是本半球民主的时代，而不是独裁的时代；是宪政的时代，而不是政变的时代”。

这是“4·11政变”后鲍威尔第4次发表关于委内瑞拉的公开讲话。在前几次讲话中，他否认美国支持政变，但承认“错误地相信了查韦斯总统确已辞职”，因而美驻委大使“过早地”向“过渡政府”表示了祝贺。

为委内瑞拉国防高等研究院访华团践行。

一一八

巴西驻委大使来访，就委内瑞拉政局交换意见。他认为：

一、形势仍十分混乱。阴谋家们尚未罢手，还在策划新的阴谋，不久后发生新政变的可能性不能排除，但发生了也不会成功，因为查韦斯只要有军队和人民支持就能粉碎政变。

二、查韦斯目前采取的路线和措施是正确的，也是唯一可行的，现在他更像“所有委内瑞拉人的总统”了。

三、军队内部问题很大，个别仍处高位的将领在政变中表现不佳，但查韦斯不可能把他们都撤掉，否则无人可用了。而坚定拥查的中下级军官对这些人留任不满。

一一九

反对派在首都举行大规模集会和游行，“纪念”4月11日“遇难者”。

报传军内出现“校尉军官组织”，主张军队非政治化，修改外交政策（包括淡化同伊朗、伊拉克、利比亚、古巴、中国、俄罗斯等国的关系）。据说此组织“既不反查，也不拥查”，标榜军队“职业化”。

一二〇

8个反对党和工会领导人聚会，发表“历史性”联合行动宣言，核心是通过“宪政渠道”迫使查韦斯下台。言辞激烈，态度强硬，较之“4·11政变”之前有过之而无不及。“宣言”明确拒绝与政府对话，并号召军队、教会、企业等各界共同抵制和解。

一二一

连日来，委媒体发表大量资料、评论，公开挑拨军政关系，特别是针对将于7月份进行的年度将领晋升活动上做文章，指称查韦斯将借机排除异己，安插亲信。

一二二

周文重部长助理抵达加拉加斯，主持两国外交部政治磋商。

一二三

代总统兰赫尔会见周文重一行。周文重转交江泽民主席致查韦斯总统的亲署函。

中委外交部第四次政治磋商在委外交部举行。门德斯副外长和周文重部长助理共同主持。双方就双边合作的一系列原则和具体问题达成广泛共识。门德斯副外长在会上转达查韦斯总统的意见：凡涉及委中合作项目的事项都要从快处理。

一二四

反对派聚众要求总检察长辞职。总检察长是调查“4·11政变”的“真相委员会”的主要负责人。矛头指向他，用意不问自明。

一二五

突闻“临时总统”卡尔莫纳进入哥伦比亚使馆要求政治避难。

卡尔莫纳被软禁家中，军警严密监护，何以能出走避难？何人帮助？后果如何？有人说这是卡尔莫纳在外界帮助下出国以避牢狱之灾的前奏，政府也有意甩开这个烫手的山芋，故而“睁一眼闭一眼”。

一切都有可能。

第四章 共 进

互利双赢，合作共进，是中国外交追求的当代国际关系准则，也是“国友”的深刻内涵。

一

2002年5月，邀请部分驻委使节和友人参观中国出土文物展，反映强烈。

二

查韦斯总统任命驻哥伦比亚大使罗依·查德尔顿为外长。这是查韦斯执政以来任命的第一位职业外交官出身的外长。

三

出席新、老外长交接仪式。

与查德尔顿短暂交谈，面交唐家璇外长贺电，并口头传达对他的访华邀请。他十分热情友好，约定近期详谈。

使节们就委政局交换意见，普遍认为：

一、形势仍很混乱，前途模糊不清，需认真观察。

二、政府与反对派之间势同水火，不可调和，但真正威胁查韦斯政权的还是军内隐患。不排除再发生兵变的可能。

三、6月8日将有退役和现役军人游行；6月11日工会、企业家组织、反对党将再次组织向总统府进军的游行示威。是否会再次形成动乱，值得注意。

四

“第一夫人”正式宣布离婚。《宇宙报》刊登对查韦斯夫人玛利亚·伊莎贝尔的专访。她公开宣布正在办理与查韦斯离婚的手续。她说，两年前提出离婚，因性格不合，同时，“也不完全赞成总统的政治主张”。她说，现在正式宣布，时机最好，因为这样可以让总统专心致力于他的政治运筹，而她本人也不愿成为反对派可以利用的“政治棋子”。她表示，不会因为离婚而成为总统的敌人。在“4·11政变”期间，为了大局，她站出来以第一夫人身份维护总统的地位与安全是为了国家利益，是出于“政治良知”。

她终于迈出这一步，是个人决定和社会环境使然。虽然人们早有心理准备，但此事不啻于一个重磅炸弹，必将造成可观的冲击波。

五

拜会陆军三师师长加西亚·卡尔内罗中将。他说，“4·11政变”的根本起因是特权阶层的不满，但他们只占人口总数的20%，绝大多数人民群众站在查韦斯一边。军队没有分裂，但出现了“裂痕”，主要在上层，多数中校以下军官是坚定的。陆军司令巴斯克斯在政变当天第二次发表讲话，对政变组织者有所批评，就是在中下层军官的压力下做出的悔过姿态。参与政变的将军人数不少，但都没有直接指挥部队的兵权，否则情况就不同了。他们多数是受骗，少数是出于个人野心，因此处理时应区别对待。

他认为，反对派的“软肋”是没有真正的领袖，且矛盾重重，在权力问题上寸步不让，因此难成大事。

拜会门德斯副外长。他说，政府面临很多困难，但经过殊死较量，力量对比昭然，国家前途无忧。落实委中合作项目对委发展经济和稳定政局有利，必须抓紧。

六

出席哥伦比亚大使午宴。出席者对形势严重程度认识不一，有人说不久后可能发生新的政变。

七

与外交部领事司长约塞琳大使谈我方执行合作项目人员签证问题。她说，委方希望尽快解决，但受到现行法律陈旧观念的约束，不容易，应力求通过双边渠道确定一种变通的过渡性办法。我强调签证问题关系到项目能否顺利实施，故应提高到与两国战略合作伙伴关系相适应的高度来认识并制定解决办法，不应等待修改法律。双方都认为落实合作项目意义重大，与此相关的程序性问题应从快解决。

八

礼节性拜会国防部长林孔上将祝贺履新。他说，反对派仍在试图挑动军队反政府，其手法一是制造谣言，扰乱人心，二是煽动少数军人闹事。

九

近日街头谣言四起，耸人听闻，多以军人造反为主题，造成人心惶惶，已出现抢购备乱风。

一〇

查韦斯总统在“你好，总统”电视节目中宣布：禁止退役军人着军装，现役军人戴面罩上街游行；禁止媒体（特别是电视台）传播制造恐怖的新闻和图像。

事出有因，该硬则硬是必要的。

一一

陪同中国政府文化代表团拜会全代会主席和教育部长，并出席与委方会谈和午宴。双方愿积极推动两国文化交流。议定明年安排委内瑞拉青少年交响乐团访华。这是一支由200多名青少年乐手组成的乐团，艺术水平和知名度很高。去年江泽民主席访委时，对该乐团给予了很高的评价。

一二

拜会查德尔顿外长，祝贺他在关键时刻受命荣任外长。查德尔顿表示感谢。他已决定接受唐家璇外长邀请于今年11月访华。他说，查韦斯总统极其重视发展同中国的合作，指示他“必须把对华关系放在优先位置”。他表示将忠实执行总统指示，确保委中合作取得丰硕成果。

为中文学校剪彩。

在华侨华人欢迎大会上讲话。

参观油田。

向中石油委内瑞拉公司赠诗《石油人之歌》。

出席委内瑞拉国会“委中议员友好小组”成立大会。

在委内瑞拉国会演讲。

与法尔孔州长一家在一起。

接受媒体采访。

在国庆招待会上。

作介绍中国的演讲。

在委内瑞拉的美好时光。

在奥尔奇拉岛。

与清华同方公司领导合影。

离任招待会。

一三

从媒体看，反对派“倒查”调门继续攀高，宣布处于“不服从”状态，酝酿行使宪法允许的“反叛”权利。民主行动党号召反对派退出议会；加拉加斯前市长莱德斯马号召抗税。

一四

宴请发展计划部长费利佩·佩雷斯。得知委财政形势十分困难，需筹资13亿美元填补亏空。佩雷斯承认，“宏观经济应急基金”管理不善，造成本该注入该基金的2.7万亿玻利瓦尔“不知去向”（实际情况是政府未履行必要手续，把应拨入基金的2.7万亿玻利瓦尔直接用于发放工资和偿还债务），被反对派列为查韦斯的一大罪状。

一五

会见能矿部长谈乳化油区块问题。部长告总统已经批准，下周即可开始工作。

一六

又是一个莫测的周末。

12个反对党联合举行大规模示威游行，口号如常。组织者在向内政部递交的“申请书”上信誓旦旦地保证这是一个“和平行动”，游行队伍不到总统府。未发生冲突，但反政府情绪之激烈程度未减。在集会上，组织者们宣布从即日起进入“不服从”状态，包括不服从政府关于增税的决定；7月11日将再次到总统府前集会要求查韦斯下台；工会宣布将再次发动全国大罢工。

动乱可能升级。但今日报载民意测验结果表明，查韦斯的支持度仍高达70%。

一七

查韦斯在电视节目中宣布，从2003年8月19日起，公民可以提出举行“（对总统）罢黜性”公民投票的要求。

一八

反对派阵营内在许多问题上存在分歧，例如所谓“不服从”，许多人认为这只能是“最后一招”，不到万不得已时不能用，目前尚可对话；“着军装游行”则受到“全国退伍军人协会”强烈反对。关于再次发动大罢工，亦有不同意见，工会领袖奥尔特加不得不说明此次罢工为“非政治性行动”。

一九

拜会总统府国家安全委员会常秘马丁内斯将军和墨西哥大使。对形势看法基本相同，均以为反对派黔驴技穷，失去理智，不计后果，难以成事，但应警惕极端行动。

二〇

应赫苏斯·蒙蒂亚州长邀请访问法尔孔州，主持中国出土文物展开幕式，并与州、市领导商谈输水管道项目及其他合作事宜。

蒙蒂利亚州长和夫人斯特里娅给予极其热烈、亲切的欢迎和接待，规格之高，为我来委后之最。

晚上，州长夫妇在官邸举行盛大晚宴款待我和夫人一行，当地政、军长官和各界名流百余人出席。宴会期间，州长为我授勋，独出心裁地安排他的爱女玛丽娅·何塞发表“演讲”。这个漂亮的洋娃娃年仅6岁，身着白色长裙，长发飘逸，美得像个天使。麦克风前毫无忸怩之态，一句“亲爱的中国大使阁下和夫人”引起全场大笑。接着，她代表父母和法尔孔州对我们表示欢迎，祝愿我们“宾至如归”，像在自己家里一样。字正音准，俨然一个小外交官，博得热烈掌声。我和夫人热烈拥吻她，她竟亲切地依偎在我的怀中，如同一个可爱的小女儿。州长见状风趣地说：“让她做你们的干女儿吧！”人们举杯相庆，成为一段佳话。

外交官四海为家，朋友遍天下。这其中当然有个人的友情，但更多的是“国之交”的反映。个人友谊与国家友好是一种互相促进的关系，是外交官生活中一大幸事。

法尔孔州全年干旱少雨，沙化现象十分严重，首府科罗即以巨大沙丘而闻名。缺水是该州居民生活中一个极大的难题。中国机械装备集团（国机集团）下属的“中国国际工程”公司（中工国际）在该州承建铺设180公里输水管道项目，取高山之水，经净化、加压，直通委炼油工业重地帕拉瓜那半岛，解决工业和居民生活用水问题。管道所经之处多为沙漠荒野，施工难度极大。此工程社会意义重大，中工国际和国机集团高度重视。集团董事长任洪斌同志和公司董事长罗艳女士多次专程赴委部署、检查工作；公司在委员工克服重重困难，与当地官民结下深厚友谊，项目进展情况良好。这对使馆和我本人的工作也是极大的支持和有力的配合。

科罗号称委内瑞拉“第一古城”，风光绚丽多姿，文化底蕴丰富。借机游览，赋诗留念。

科罗游记（三首）

南山

科罗城南有山、多奇景，瀑布、熔岩，颇为壮观。

科罗城南行，百里有奇峰。
白云罩山顶，人在雾中行。
山弯掩树海，花开绿茵中。
曲径通深洞，有名“啊咿通”。
奇花加异草，此处最丰盛。
忽闻水声急，瀑布挂半空。
飞流三千尺，终日雨朦胧。
引来云游客，流连此山中。

观霞

黄昏出山西行，忽见晚霞奇景，其美难书。

如金，
如彩；
如楼，
如台；
如山，
如海。
看千般变化，
赞奇也，
壮哉！

是西天极乐？
是东土蓬莱？
非神工妙笔，
何如此精彩？

常叹人生易老，
伤感匆匆去来。
孰知夕阳亦美，
激起如春情怀。

沙丘

科罗城北有沙丘大片，蔚然奇观。造化之力，不可思议。

我站丘之巅，迎风想联翩。
造化何奇妙，科罗有胜观。
沙流细如水，积之千万年。
流沙作史记，伟哉大自然。
我站丘之巅，天边落日圆。
晶莹如珠翠，剔透似玉盘。
忽射霞万道，灿烂映西天。
谁持彩带舞？美色洒人间。

二一

从政治和经济两个基础分析，对中委合作关系应当充满信心。因为：

一、政治基础。

1. 查韦斯主义代表着委内瑞拉的发展方向，具有广泛而坚实的社会基础，将长期起作用。

2. 发展对华关系是委各派政治力量的共识，不会因为政局变化而停滞，也不会因为政权更迭而逆转。

二、经济基础未变。

1. 委的发展潜力仍在，石油支柱不倒，经济不会垮。国际资本仍然看好。

2. 只要中委合作始终建立在平等、互利基础上，只要能给双方都带来切切实实的好处，只要在法律上扎实可靠，就会长期进行下去，不会轻易被推翻。

二二

出席巴鲁达市（区）长卡普里莱斯召开的驻该市辖区内各国使馆安全问题的早餐会。

二三

“拥查派”组织大规模集会呼吁和平。查韦斯出席并讲话，号召团结安定，共同致力于稳定与和平，强调在委不存在发生内战的可能性，因为“交战必有双方，而我方不愿战”。

二四

媒体继续渲染反政府紧张气氛，宣称反对派已就举行罢黜性公投和大选等达成“一致”。《宇宙报》公布总统府安全部署示意图和总统车队出行排序图。此举引起各种揣测与不安。

二五

宴请侨领冯雪茂、吴德明等，商谈成立“旅委华侨华人和平统一促进会”事宜。几位老先生爱国之心拳拳，令人起敬。

二六

查韦斯总统主持三军将校晋升仪式。一次晋升的将军共55人，查在仪式结束时发表讲话，他说：“我要发表毕生最短的演讲：祝贺，谢谢！”戛然而止，敬礼下台，出乎所有人意料，静场数十秒，掌声四起。

二七

应邀与查韦斯总统同乘专机前往科罗，出席输水管道工程商务合同签字仪式。途中再次听他分析时局。他对把控全局很有信心，认为自“4·11政变”失败后，反对派实际上已经土崩瓦解，国外支持者情况也有变化，美洲国家组织的表态对委时局的稳定具有重要作用。但仍有人策划阴谋活动，鼓动军人闹事，对此必须提高警惕，妥善应对。经济形势良好，但有困难，主要是财政状况拮据，严重影响政府社会项目的实施，从政治上看这是很危险的，因为可能削弱民众的信任和信心。他表示希望中国增加国家中期贷款，帮委渡过难关。

在科罗，查受到群众热烈欢迎，震天的欢呼，无数的拥抱，群众眼里的泪花，再次印证了这位“平民总统”与人民之间的亲密无间。与会者对我们一行的友善，特别是对中工国际罗艳董事长及其助手们的欢迎，也反映出委内瑞拉人民对中国的友好和对中委合作的期待。

在查韦斯和我的见证下，罗艳和委环境部长在合同上签字。

查韦斯在讲话中向中国人民和江泽民主席表示崇高的敬意，对中国革命和建设取得的成就和经验给予高度评价，称之为“委内瑞拉人学习的榜样”。他说，输水管道工程的最大意义在于它表明中委两国政府都把人民的生活质量放在第一位。

罗艳董事长和蒙蒂利亚州长也讲了话。

我在讲话中对查韦斯总统高度评价中国作了回应，强调中委各有长处，应当互相学习，坚持互利合作，造福两国人民。

这是一次落实中委合作项目的高规格的动员大会，有助于委内瑞拉广大民众了解中委合作的真实情况和意义，对各个项目都将有带动作用。

二八

委内瑞拉独立节。纪念活动在平静的气氛中进行。查韦斯总统讲话很短，且措辞谨慎，态度平和，使团反映很好。

二九

美国前总统卡特抵达加拉加斯，此行目的是推动委朝野和解与对话。反对派事先提出了许多条件，对卡特此行的作用持怀疑态度。政府对卡特表示欢迎，给予较高礼遇。

卡特开始与政府和反对派接触。他提议由国际“贤人”组成“真相委员会”调查“4·11政变”。

三〇

在馆内会见中国银行、中国进出口信用保险公司和中工国际公司联合考察组。针对小组成员对委政局和财政支付信誉的疑虑，我本着实事求是的态度作了较全面的介绍，阐述了对委政局走向、中委关系前景及合作项目前途的看法，着重指出：第一，委政局总体上是乱中趋稳；第二，查韦斯执政基础坚实；第三，只要坚持平等互利，切实给委带来好处，坚持在法律上扎扎实实，站得住脚，不论形势如何变化，中委合作都可确保无虞。

考察组成员反映良好，认为对他们很有益。

三一

率中国银行、信用保险公司、中工国际公司联合考察组、国家级示范农场考察组和清华同方核技术公司负责人拜会查韦斯总统。

查韦斯热烈欢迎两个考察组来委，认为这标志着两国合作已经全面启动。他认真听取了考察组的介绍，一一询问了项目进行过程中遇到的困难，了解中方技术人员对委经济发展的看法。他重申对委中合作充满期待，强调他和委政府已经把这种合作看成委革命和建设不可缺少的一部分，中国兄弟在力所能及的范围内提供的任何帮助都具有重大意义。他表示自己将全力支持并亲自关注中委合作的各个项目。

三二

反对派将于明日举行大游行，加市气氛骤紧。政府已做应急准备，游行组织者重申这是和平行动，不向总统府进军。

三三

反对派大游行，号称200万人参加，目击者称实有20万。与“4·11政变”不同的是，此次队伍明显涣散，无统一指挥。未前往总统府。“拥查派”未组织反游行。无冲突。

总统率最高军事指挥部成员到马拉凯参加军事活动，其他内阁成员在总统府由副总统主持举行部长会议正常议政。除在“观花宫”周围采取严格保安措施外未部署其他警卫行动。

国内外舆论对此次游行反应平淡。

三四

美国助理国务卿奥托·雷奇在一次讲话中，第一次肯定查韦斯“是民主选举”的“合法总统”，并呼吁委“有良知者”与查对话，宣称美政府“恪守对委政府的承诺，坚决反对军事政变”。

三五

宴请委外长、副外长及外交部主要官员和夫人。联欢性质，热烈友好。查德尔顿外长告将自11月10日起访华。

三六

报载：阿里亚斯·卡尔德纳斯可能入阁。他是军人出身，查韦斯战友，与查共同策划1992年政变。查任总统后，二人政见逐渐相左，最后决裂，另组联合党。但未参与“4·11政变”和近期以来重大反查活动，与反对派联盟保持距离。

此人如能入阁，标志着查一些老“战友”去而复返，有利于团结大多数。

最近反对派营垒继续分化。社会主义运动党领袖穆希卡在社会党国际会议上发言表示不赞成把委一切坏事都归咎于查韦斯，并明确表示反对政变。

三七

前最高法院院长索萨等前政要鼓吹军人“抗命”，“不达目的决不罢休”。公正第一党组织人上街为查韦斯生日送“葬礼”。

三八

最高法院宣布对参与政变的将军们的预审结果。从凌晨起，反对派和政府派人员即“陈兵”高法四周，旨在对裁决过程施压，气氛紧张。

裁决结论：否定“军事叛乱”的定罪指控，20位大法官全体会议表决结果是反对定罪者12人，支持定罪者8人。

反对派欢呼，政府派愤怒。

从政治上看，这个裁决是对政变将领的宽纵。但应看到，如以“叛乱”定罪，可能引起更大震动，特别是会激起一批高级军官“兔死狐悲”之感。因此，这个对政府来说“热土豆”式的案件，“冷却”一下并非坏事。

据专家分析，从法律上讲，定“军事叛乱”罪根据不足，因为被告未使用武器。

三九

全代会委中友好小组集体来访。议员们告：

一、议会各党在发展对华友好关系方面完全一致。

二、各党都希望委中合作项目顺利实施，议员友好小组应起推动作用。

三、小组拟于今年底或明年初组团访华。

四、小组将组织各种活动介绍中国。

我对小组为推动两国关系所作努力表示赞赏，并表示使馆将全力配合小组的工作。

在外交部午宴上与美国大使夏皮罗交谈。他认为委形势在好转，美国对委投资在大量增加。

举行“八一”建军节招待会，出席规格很高。这是委政变后军界要员一次集中“亮相”的机会，凡与政变无牵连的将领均踊跃参加，缺席者则成为宾客们热议的对象。

四〇

美国大使夏皮罗发表讲话，就日前所传美将在驻委使馆内设“民主过渡办公室”以支持委反对派事辟谣，但承认美国国际开发署将在委设办事处，旨在“帮助委政府和反对派对话”以“加强民主”。他说美“不预设立场，不倾向于任何一派”。

四一

首都西区发生骚乱，一些身份不明的人与大区警察发生冲突，双方都开了枪。反对派再次号召举行反政府活动。“声援民主”领导人阿瓦伦加鼓吹“坚持斗争”，“直到把查韦斯赶到古巴去”。

为世界银行执行董事访问团举行晚宴。团中有中国董事，原中国人民银行外事局局长朱光耀。该团访委目的是了解委情况，研究向委提供援助的可能性。

委最高法院院长、计划发展部长、卫生部长、环境部长等出席。总统、议长、外长、财长原允出席，后因“要务”未到。估计与形势有关。

四二

政府与化学制药行业企业家和行业工会签订“全国性协议”，宣布实现和解，为国家经济发展共同努力。这是自4月底查韦斯宣布成立“全国对话委员会”以来达成的第一个协议，极具象征和典范意义，反映出政府—企业—工会之间为促进生产而携手合作的意愿。

四三

《宇宙报》刊登几个蒙面武装分子举行记者招待会照片。他们自称“政府的支持者”，对8月2日枪击大区警察事件负责，扬言要“惩罚”一批反对派要员。

不言自明，这是一个有人蓄意为政府栽赃的“蒙太奇”。

总统发表讲话说，政府绝不需要武装组织的“支持”。

工会领导人奥尔特加号召“民主协调”（反对派联合组织）内各党派“放弃执政、当官、当总统的个人欲望”，为打倒查韦斯而“真正联合起来”。

四四

送门德斯副外长访华。在机场贵宾室交谈中，他说：

国内斗争仍很激烈。

军内无乱象，有人造谣惑众，用心险恶。

财经形势逐步好转，石油收入在增加。

委美关系有缓和之势。查德尔顿外长将于8月19日访美，主要谈能源合作，但也会涉及其他方面，包括促成已谈判14年的投资保护协定。

委目前不能接受美洲国家组织的“调停”，因为该组织明显倾向于反对派。

乌里韦当选哥伦比亚总统后，两国在游击队问题上的关系将明显好转。

四五

最高法院就参与政变的将领“军事叛乱罪”进行二审表决，结果是11∶9否决。还将有第三次表决，估计不会有变化。

总统在瓜亚那城主持“振兴工业，增加就业”的第1823号法令颁布仪式。法令核心内容是鼓励用国货以保护民族工业。此举受到生产型企业家欢迎。

对我国出口商是否会有影响？要了解。

四六

与双边高委会委方协调员就合作项目交换意见。

四七

政变四周月。首都平静无事。“民主协调”到反对派掌权的州市举行纪念活动。

四八

宴请内政部长卡韦略。这是他从副总统改任内政部长后第一次长谈。

他对控制局面很有信心，认为反对派肯定掀不起大浪，因为他们既分散，又无领袖，且无纲领。总统和政府对在州市长改选和明年议会选举中取得更大优势“有绝对把握”。

四九

政府举行“对话成果介绍会”，各界人士数千人参加。使团悉数到场。会场气氛热烈，高呼支持查韦斯的口号，并有要求最高法院依法判决政变将领的标语。

查韦斯在掌声和欢呼声中讲话，高调肯定对话已经取得的成果，呼吁各党派、团体广泛参加对话，恢复国家正常秩序。关于对政变军人的审判，他说，不管判决结果如何，人民应当严守宪法，不要沮丧，不要失望，不要冲动。

最高法院最后裁定：被控四将领“无罪”。表决比例11：8。

后果、反映如何？有待观察。

五〇

全代会通过第五共和运动议会党团起草的关于“4·11政变”责任人的报告。反对派投反对票。这是对最高法院裁决的一个回击。

宴请审计长、护民官和国家检察长。三人都是“拥查派”。关于最高法院裁决，他们认为是委司法界“奇耻大辱”，80%国民反对。但无须高估裁决的作用，还有其他渠道可以惩办政变责任者。政府尊重司法独立，反政府者也必须尊重其他权力机构，如议会的独立。他们认为委政局在好转，因为对话取得成果；经济形势好转；国际环境好转，特别是美国对委态度有变化；反对派分化加快，力量对比明显有利于政府。

五一

委媒体大量报道：西班牙工人社会党议员塔马约向西班牙法院提出对查韦斯的控告，理由是一个西班牙人在“4·11政变”中受伤不治身亡。反对派欢欣鼓舞，但西班牙工人社会党和塔马约本人辟谣。

五二

报载内政部长卡韦略谈话，要点是：

一、高法裁决本身是错误的，但司法独立，其决定必须被接受。

二、人民不会听之任之，将要求修宪，调查当事法官选任材料弄虚作假，由全代会依法罢免。

三、总统是政变受害者，而高法裁决却认定他“未被捕”，只是“被保护起来”。对此，查韦斯总统可以提出反诉。

四、这是一个分阶段进行的政变阴谋，现在是第三阶段，有人策划控告和审判总统，妄图以此实现军事手段未能达到的罢免总统的目的。

查韦斯总统在《你好，总统》电视节目中抨击高法裁决“荒谬绝伦”，“离经叛道”，“践踏法律尊严”。他呼吁全代会逐一审查最高法院大法官们的当选资格，造假者应法办，不称职者应免职。他号召对高法裁决给予“法制回击”。

五三

访问瓜亚那地区，与“委内瑞拉瓜亚那公司”（国家工、矿业垄断企业）总裁和电力公司总裁商讨合作项目事，重点是中方参加托科马水电站竞标事。拜会玻利瓦尔州长罗哈斯。看望华侨。感慨颇深。

瓜亚那地区与瓜亚那共和国毗邻，地貌、气候、物产均相似。物华天宝，土地肥沃，工业基础雄厚，建设已成规模。瓜亚那市以瓜亚那公司为核心，人口近百万。奥利诺科河和卡罗诺河流经全区，奥河水下是取之不尽的重油储层。区内有世界第二大水电站——古里电站；地下蕴藏着占全国70%以上的矿产；有世界知名的格朗·萨瓦那（意译“大床单”）大草原，还有闻名遐迩、世界上落差最大（990米）的安赫尔（天使）大瀑布。真是应有尽有，得天独厚，发展前景广阔。

“瓜亚那公司”已有40年历史，其下属企业产值占国民总产值近半，与国家石油公司平分秋色。管理经验丰富，规章制度完善，在委所有国企中独树一帜。

我国企业已与其下属公司签有金矿合作、国家级示范农场协定，正在考察、规划中。中工国际全力争取参加托科马水电站建设。

五四

执政党组织大规模示威游行抗议高法裁决。参加者近百万。查韦斯出席集会并讲话。他表示“服从但不能接受高法荒谬裁决”，提出通过法制程序改变高法组成。他宣布将力促相继举行州市长选举、全代会选举和关于总统任期的公民投票。

在短暂缓和之后，查韦斯恢复了强硬的语调。

五五

查韦斯在《你好，总统》节目中指责少数人在策划“经济政变”，通过撤资、走私使委经济更加困难。他号召全国军民总动员克服暂时困难。

看委政局走势，要有全面的观点，万不可以偏概全。反对派“倒查”锲而不舍，说明动荡将是长期的；但从力量对比、人心向背看，事实证明查韦斯仍拥有多数人的支持。少数军人参与政变亦未能改变整个军队仍在他掌控中的局面。国内以对话求和解的呼声日强，对动乱感到厌倦者增多。包括美国在内的国际社会接受了查是合法总统的事实，政变成万夫所指。目前国际油价回升有利于委经济恢复，查韦斯搞改革赖以支撑的石油美元支柱重回稳固。综合地看，委政局“乱中趋稳”态势逐步显现。

五六

查韦斯总统出席国民警卫队第五军区第51机动大队司令交接仪式。他在讲话中赞扬该部队在粉碎“4·11政变”中表现出来的忠诚和勇敢。

总统出席一个团级单位指挥官交接仪式实属罕见，意在激励部队捍卫法制秩序，关键时刻起作用。

五七

拜会新任国防部长普列托将军。原部长林孔上将已被派任驻法国大使，其调任似与在政变时错误表态引起争议有关。

普列托将军说，军队已经稳定下来。对政变中不同程度参与者已进行排查，绝大多数都已经妥善安排，该带兵的仍然带兵，当晋升者已经晋升，受处分的是极少数。这对稳定军心十分有利。军队没有分裂，反而更加团结。反对派中有理智的人增加，他们也不赞成无休止地乱下去，主张通过对话解决问题。真正坚持顽固立场的只是极少数权力欲极强的政客。真正有实力的企业家也不愿参与政治纷争。反政府的企业家组织领导班子中很少真正有实力的人，他们影响有限。美国和国际组织都表态支持查韦斯政府，这对稳定十分有利。

普列托说，查韦斯执政后已经过7次选举和公投，人民支持程度仍很高。要推翻这样一位总统只是幻想。

五八

兰赫尔副总统在“玻利瓦尔派（即政府派）市长协会”大会上说:“革命进程面对的最大危险不是我们的对手，而是我们成为好的执政者的能力不够。”他号召执政党继续高举和解、对话的旗帜，下大力气团结、争取中间阶层，使之不再被政变分子所操控。

五九

在瓦伦西亚市出席旅委华侨华人和平统一促进会成立大会和中国会馆中文学校落成典礼。两件大事，同日完成，可喜可贺，赋诗祝贺。

赠和平统一促进会

齐将心声化心鼓，震天动地如雷鸣。
反独促统宣大义，助我中华更兴盛。
莫道人微无大用，众志汇集便成城。
巨轮滚滚不可挡，中华统一大业兴。

赠中文学校

自古兴学最堪赞，启智育人留美名。
无私奉献心灵美，化作雨露润新青。
中华文明博深古，传扬万世赖继承。
愿我师生齐努力，异域他乡腾巨龙。

六〇

九、十两月委政局将起新波澜，反对派可能从法治、经济、社会秩序、地方治安等方面发起新攻势，制造“国将不国”的大动乱局面，迫使查韦斯年底前下台，以避免查凭借高支持度提前举行地方和议会选举，并通过关于总统任期的公投来巩固执政地位。这可能是最后的一拼。

六一

与清华同方核技术公司苗齐田副总谈话，强调要有危机感，不要轻视竞争对手，要制定妥善策略争取排除集装箱检查系统向委出口遇到的障碍，维护企业利益，更要维护国家利益。

六二

宴请委生产贸易部长、特区事务国务部长、国家石油公司董事长、前驻华大使蒙蒂利亚和计划发展部长。就形势和中委合作交换意见。

六三

得悉集装箱检查系统项目谈判达成协议，而且正是我们经过反复研究分析认定，双方经过多轮协商达成的妥协方案。这个方案照顾了双方利益，应当说是皆大欢喜了。商务谈判结束了，还要进行贷款协议谈判。由于双方已就大的原则和基本条件达成共识，应当无大问题。

六四

“9·11”事件一周年。美国使馆和全代会举行纪念活动。全代会批准两项关于国际反恐的国际公约。两派议员在发言中影射对方搞恐怖主义。

六五

连日来，不少思考性文章见诸报端，对委政治力量对比和政局走向作了比较客观的分析，从中可见形势对政府有利。

六六

查韦斯在“反走私”大会上宣布将采购中国的集装箱检查系统。

六七

报载：美国驻委使馆发表公报，全文如下：

美国对有人图谋使用违反宪法的暴力手段解决（委）当前政治危机的谣言日益泛滥，且愈来愈具体感到忧虑。有人以极不负责任的态度在报刊上发表讲话，散发传单，要求军人起来反对民主选举的委内瑞拉宪法政府。这些行动无论是为了推翻政府还是为了支持政府，都是破坏宪法秩序的行为。

美国尤其反对以暴力或暴力威胁达到上述目的。尽管我们坚决支持言论自由，认为它是民主的根本原则之一，但我们呼吁各方以负责任、讲道德的方式行使这种自由，不要鼓动用暴力去导致国家宪法秩序被破坏。

美国政府将采取美国法律允许的一切措施，制裁参与违法暴力行动以推翻或维护委内瑞拉现政府的人。

美国呼吁各方尊重美洲国家组织的民主宪章，并号召所有委内瑞拉人，不论政治倾向如何，支持美洲国家组织、联合国开发署和卡特中心组成的三边工作小组的努力。这个小组可以推动对话进程，把冲突各方集合到谈判桌上来。

总之，要靠委内瑞拉人自己的共同努力，找到和平地、符合宪法地、民主地解决当前政治危机的办法。

六八

应邀到空军指挥学院作介绍中国情况的报告。武官处、文化处制作了PPT，形象生动，增色不少。

六九

国庆前夕，接受两家侨报采访，畅谈祖国发展成就，介绍中委关系，寄语侨胞华人祝愿幸福安康。

七〇

会见国家石油公司总裁阿里·罗德里格斯，再提解决我公司区域面临问题及乳化油项目进展缓慢现象，相机了解该公司内部形势。罗告，公司刚刚签署2002年—2004年集体合同，较大幅度增加工资和福利。该公司在国家经济中占有重要地位，全国职工3万人，反对派影响很大，是近两年历次动乱的敏感之地。稳住这支队伍对于政府掌控全局有重要作用。此次集体合同的签订，可确保两年“和平”，为全国树立了榜样，对反对派操纵的工会无异于“釜底抽薪”。

这是政府使出的一招“杀手锏”。

七一

查韦斯总统约见，共进午餐。他说，形势趋于稳定，国内外环境都有好转，但困难仍很多，很严重，特别是经济、财政困难压力很大。长时间的动荡和国际金融危机、原油市场价格波动，新自由主义私有化浪潮的冲击，都给委的改革和发展造成了明显的消极影响。大罢工对委石油工业的破坏无法计算。当前最迫切的任务是稳定形势和发展经济，兑现政府对人民的社会承诺。但财政拮据，难以放手去做。反对派趁机煽动不满情绪，压力很大。国际金融机构表示可以借款，但附加苛刻条件，委不能接受。中国是最可靠的朋友，恳请伸出援助之手以解燃眉之急。为显示诚意，委方愿在“战略合作”框架内进一步加强委中能源领域合作。

午餐如往常一样简单：鸡汤一碗（内有鸡腿一只），牛肉一块，面包，矿泉水，只是多了一道甜食——冰激凌布丁。总统问我喝不喝酒，但申明他中午不喝酒，我当然客随主便。饭后咖啡。

我多次与查韦斯一起用餐，从来是如此简单，包括他在官邸正式宴请我和夫人，也不过是多一道蔬菜沙拉而已。在他办公室里“共进晚餐”则更“寒酸”：往往只有三明治和饼干，当然咖啡是少不了的，这是他夜以继日工作离不开的“大餐”。

我常常对朋友们说，查韦斯可能有许多不足和错误，但仅就我个人与他接触的亲历而言，特别是从他的饮食、衣着、佩戴物来看，说他腐败似颇牵强。人们多赞同我的看法，因为查韦斯的“私生活”是很透明的，他甚至连“私”的时间都没有。

七二

再见国家石油公司总裁罗德里格斯，中石油委内瑞拉公司祝总在座。对方建议组成一个联合小组共同研究扩大能源合作。还建议中方参与西部气田开发和东气西输工程。

七三

主持第三次在委中资企业及合作项目负责人座谈会。与会单位超过前两次会议，说明合作更广，更多了。

大家反映此会效果很好。定期不定期地与中资企业座谈，倾听呼声，帮助他们解决问题，这个做法要坚持下去。

七四

美国助理国务卿香农发表谈话称，美政府将一如既往地准备帮助委政府维护宪法秩序，不仅在双边关系方面，而且在美洲国家组织内和多边场合都会这样做。美国坚决反对任何用非宪政的暴力手段更换政府的企图。

据悉，委美正就恢复美军用飞机在委领空进行反毒飞行问题进行谈判。舆论认为这是两国关系改善的重要标志。

七五

首都中华会馆举行国庆联欢会，我和使馆全体外交官与近千名侨胞华人同乐，声势浩大，气氛热烈，海外游子爱国之情处处可见。感动，兴奋，诗以记之：

千人齐唱祖国颂，震天动地是心声。
身在异乡思故里，翘望神州正飞腾。
喜看同胞笑意浓，乡音不改见真情。
侨领诸公堪赞许，为我中华育新英。

七六

举行国庆招待会，800多人出席。兰赫尔副总统率生产贸易部长、环境部长、卫生部长、能矿部长、总检察长、代外长、计划发展部长、国家石油公司总裁等到场祝贺。规格之高，人数之多，均为此间之最，尽显我国际地位之高、朋友之多和中委关系之好。美国大使夏皮罗到场并长时间逗留，加之此公身高过人，引人注目。

七七

与委外交部、计划发展部有关负责人协调高委会事。

七八

近日谣传再起，多为对反对派宣布10月10日将发起“占领加拉加斯行动”的猜测，有人散布“4·11政变”将再现。从各方面迹象看，不存在再发生政变的可能性。

美洲国家组织秘书长加维里亚再次访委“劝和”。

七九

反政府媒体再次公开鼓动军人造反。

八〇

国防部长和最高军事委员会成员联名发表声明，强调10月10日游行必须和平进行，军队有协助维护公共秩序之责。

八一

10月10日，“占领加拉加斯大游行”和平举行，未发生暴力事件。声势不小，约30万人参加，远未达到组织者预期的百万之众。突出“马上举行大选”主题。工会领袖奥尔特加宣布，下周三前如总统不辞职，不宣布提前大选，将举行全国大罢工。

八二

政府组织“纪念恢复宪法秩序”[①]6周月活动，以查韦斯总统带头游行而达到高潮。此次活动目的在于显示力量，动员民众应对反对派。

在政府及其支持者看来很有必要。在旁观者看来，似值得推敲。

八三

出席高委会的中方代表团到。与委方先举行小范围会谈，出席兰赫尔副总统宴请，气氛友好、融洽。委方一再强调委中关系是长期的、稳定的、非牟利性的，中国兄弟给予的是真诚合作和帮助。

晚宴中解决了几个长期悬而未决、对方一直有保留的问题：

一、剑麻项目：打消了侵害当地农民利益的顾虑，看到中方转让技术的诚意。

二、中方人员签证问题：承诺从速解决。

三、能源合作：委方主动提出签订长期供油和以合资形式为中方在委开采石油提供便利。

副总统告，查韦斯总统明晨回国，将亲自出席高委会签字仪式，故该仪式改在总统府举行。

---

① 指粉碎“4·11政变”。

八四

中委高委会第二次会议顺利结束。**查韦斯总统主持签字仪式**并会见双方代表团，听取两主席汇报。双方签署10项协议和意向书，包括集装箱检查系统、铁路项目商务合同延期、输水管道预付款支付、1400万美元农机项目、国家级示范农场、25000套社会住房建设。成果超出预料。

查韦斯总统高度评价会议成果，强调这是江泽民主席访委和他访华的继续和落实，对于正在克服重重困难的委内瑞拉来说具有重大意义。他要求委各有关部门认真落实有关工作，确保委中合作尽快取得成果。

可以预期：明年将是两国经贸关系的一个高潮。要做好准备，周密策划，配合国内做好工作。

八五

工会、商会联合会、民主协调组织联合发起全国大罢工。组织者称响应者占劳动人口总数83.74%，政府说仅占10%—30%。

石油工业、国营骨干企业及交通、电力等行业未参加，因此未形成大乱。

政府宣布破获一起预谋刺杀副总统的事件。秘密警察透露被捕者持有反对派控制的恰高区警察身份证。

暗杀政府要员的信息多次盛传，更增加了令人不安的气氛。

八六

风波再起。

参与“4·11政变”的14名军人再次发难，发表宣言号召军民“反叛”，要求查韦斯辞职，声称得不到答复决不罢休。他们鼓动民众到反对派“专用”场所法兰西广场（即“民主广场”）集会造势。

树欲静而风不止。

政府反应迅速。国防部长普列托将军率最高军事委员会全体将领发表讲话对上述行动予以反击，重申军队坚定维护宪法秩序。陆军主力部队机械化师师长巴杜埃将军明确宣布他的部队坚决服从查韦斯总统的命令。

反对派各党无一公开支持“反叛”军人行动，媒体亦未渲染。全国平静。

美洲国家组织秘书长发表公报，严厉谴责这一行动违反宪法，违背美洲民主宪章，是不可接受的。

这些军人的目的在于：再次煽动暴乱，推翻查韦斯；争取支持，逃避因参与政变而受到惩处；对国际组织的调解工作施加影响。

八七

“反叛”军人继续在法兰西广场闹事。工会、商会表示支持，但只限于肯定其要求“合法”，未表示赞同其做法。

军内无动静。陆军司令声明军队服从法制，不听信非法鼓动。

八八

“法兰西广场”事件扩大，参与的军人已近百人。反对党表示支持其“合法要求”，但申明“反对政变”。

市井谣言再起，称军内对政府不满者有蓄势待发之势。

八九

从报界公布的最新参加进来的42名军人名单看，仍多虚职，无带兵官。有人说他们系被“收买”而来。

安第斯国家集团（哥伦比亚、委内瑞拉、厄瓜多尔、玻利维亚）外长发表联合公报声援委政府，谴责反叛军人行动，号召对话解决问题。

欧盟对委形势表示忧虑，呼吁在法制内解决问题。西班牙外交大臣打电话给委外长，表示希望委“和平地恢复正常”。

各军区司令相继公开表态，谴责闹事军人违宪，背弃军人应忠于统帅的承诺，为新的政变造势。司令们重申坚定维护宪法秩序。

九〇

里约集团发表声明“全力支持”查韦斯政府。

海军司令率部声明支持政府。

九一

美国众议院外委会主席亨利·哈德致信布什总统，要求美政府公开支持推翻查韦斯，因为查“威胁民主”，与卡斯特罗、卢拉（时任巴西总统）将构成拉美“邪恶轴心”。

“反叛”军人首领梅迪纳中将表示将于“几小时”内停止行动，因为解决问题“需要有个过程”。

九二

美洲国家组织秘书长加维里亚与查韦斯总统、兰赫尔副总统、查德尔顿外长会谈，就“调查”和“调解”结果交换意见。查韦斯等表示支持加的工作，但重申不赞成国际组织干涉委内政。

反对派通过媒体对加维里亚首先会见查韦斯表示“失望”，重点批评加没有正式提出重新举行大选的日期。

九三

加维里亚会见反对派联合组织——“民主协调”负责人，“反叛”军人首领梅迪纳中将以“应民主协调邀请”名义参加。会后，加重申美洲国家组织对委形势的立场，申明在会见中明确要求参与“反叛”的军人或“留在兵营”或“参与政治”两者中选其一，指出其行为有军事暴乱性质。梅迪纳宣布“不达目的决不撤离”。

一些反对党领导人亦宣布立场不变，并威胁称如果查韦斯在11月4日前不辞职，则再次发动“总罢工”。

加维里亚对“调解”前景表示乐观。他认为反对派主张的大选和政府宣布的举行“罢黜性”征求民意公投“无实质区别”，都是通过投票程序解决问题，完全可以达成共识。

九四

查韦斯总统在支持政府的“独立民主工会”领导人会议上表示，政府不怕“公投”，是他最早倡议通过“公投”征求民意的。但任何投票都“必须在宪法框架内”进行。政府将尽一切努力使三年来一直在寻求的出路能够在和平、民主的气氛中实现。如果少数人试图破坏国家法制、和平和经济发展，政府将毫不犹豫地采取宪法规定的手段。

查韦斯在与加维里亚第二次会晤后，宣布将以“充分的灵活性”与反对派对话和调查4月事件死伤情况。

政府发布如下公报：

高度评价加维里亚代表美洲国家组织表述的关于委政局的立场。政府坚持对话，并愿为此作出宪法允许的让步。政府准备参加国际促和机构支持的对话会议，讨论委内瑞拉人感兴趣的一切政治、经济、社会问题，不预设议题，不事先否定任何议题，亦不排除讨论选举问题。

九五

美国负责拉美事物的助理国务卿对委政府和反对派将开始对话表示高兴，希望查韦斯“作出让步”，同时指出军人“反叛”行为“令人不安”。

查韦斯对外国记者发表谈话称，正在研究对“反叛”军人实行大赦，说从未打算把他们投入监狱。

查韦斯邀请各私营电视台领导人到总统府共进午餐，表示希望媒体支持和配合对话进程。他谈笑风生，会见轻松愉快。这些在委舆论界举足轻重的人物事后表示，为了国家利益，应当搁置个人政治倾向，为通过对话维护民主而努力。

九六

“反叛”军人仍拒绝撤出法兰西广场。

批评这些军人的文章开始见诸报端。

主要反对党内部围绕与这些军人关系和是否接受对话产生尖锐矛盾，可能导致分化。

加勒比国家联盟发表公报声援查韦斯政府。

九七

反对派组织游行，到全国选举委员会递交要求举行“征求民意性公投”的签名书，据说已经有150万人签名。工会领导人威胁称，从即日起一个月内（即12月4日）如不确定公投日期，将发起“无限期罢工”。

九八

往见能矿部长，谈苏马诺油田和拉乌埃尔托萨水电站项目。彼告委方积极对待同中国的合作。苏玛诺油田将签署专门协议；水电站事，查韦斯总统2000年访问法国时，与法方签了合作意向书，现在请中国也参加，为此已推迟招标时间。希望中方从技术、资金方面做好准备。

委内瑞拉家电力公司总裁来见，表示希望中国企业尽快就一些关键性技术问题作出果断有力的回复。

九九

见查韦斯总统，谈及：

一、合作项目问题。商定下列事项：a. 1月份举行第二批农业机械交接仪式。总统当场电话指示农业部长，在第三批中国农机采购单中应包括相当数量的手扶微型机。他说，去年访华时在四川曾亲自试驾过这种拖拉机，轻便灵活，可耕地，可运输，非常实用。b. 1月底举行乳化油厂象征性奠基仪式。他指示能矿部长加速签署关于苏马诺油田的协议。他表示将再次过问拉乌埃尔托萨水电站项目，争取由中国企业承建。要求集装箱检查系统安装调试工作尽快启动。

二、关于贷款问题。总统说贷款仍是当前急需，因为这是打破敌人经济扼杀阴谋的战略性需要，将用于扶贫和教育等社会性投资。

三、确定查德尔顿外长12月3日前后访华。议题之一是贷款。

四、关于形势。查韦斯很乐观，希望和平民主解决对立，但必须遵守宪法。公投将于明年8月举行，反对派要取胜，必须得到超过1998年大选中他得到的370万票的多数。征求民意性公投可以搞，但议题不能超越宪法的有关规定。反对派政变不成，罢工无效，最后只有按宪法办事。

五、中共十六大召开具有重大历史意义，请向江泽民总书记转达祝贺。

一〇〇

第一副议长希门内斯来见，商谈全代会代表团访华事。他说，查韦斯总统优先考虑提前大选的可能性，认为比较易行，且胜算极大，因为反对派推不出一个共同的候选人。

一〇一

回国述职。

一〇二

国机集团任洪斌总裁约见，中工国际罗艳总经理在座。就输水管道、农机、水电站等项目交换意见。两位高管非常重视在委项目，有长期经营，逐步扩大的战略设想，并有一支实力相当雄厚的队伍，作风严谨务实，一直与使馆保持密切联系。

一〇三

国家计委曾培炎主任会见并宴请。我汇报了对委形势的看法和对中委合作的思考，提出当前最重要的是抓落实，尽快让委内瑞拉人民看到“好处”。曾主任对使馆工作给予充分肯定，表示同意我的看法，并就合作项目问题作了许多指示。

一〇四

陪同吴官正同志会见委“第五共和国运动”代表团。官正同志结合我国实际，着重阐述改革、发展、稳定的关系，强调要掌握好改革的力度，发展的速度和人民群众接受程度。很有针对性。代表团成员表示很受启发，说中国党治国理政的宝贵经验值得学习。

一〇五

查德尔顿外长抵京。他21年后再来中国，对中国的发展变化赞不绝口。

农业部长杜青林会见查德尔顿外长，并就两国农业合作项目交换意见。杜部长提及合作过程中遇到的一些问题，查表示将告有关部门及时解决。

查德尔顿到外交学院演讲，生动自然，深入浅出，效果很好。

中石油总经理马富才会见，双方就巩固和扩大两国能源合作达成广泛共识。查德尔顿外长希望中国参与开发天然气。

朱镕基总理会见。双方高度评价双边关系。朱总理说，中国一贯重视发展同委内瑞拉的友好合作，认为巩固和扩大共同发展的战略伙伴关系符合两国人民的根本利益。他祝愿委内瑞拉稳定、发展、进步，相信委能克服暂时困难，取得新的进步。查德尔顿说，查韦斯总统决心不断深化同中国的战略伙伴关系，认为这有利于巩固委内瑞拉的独立和主权。

曾培炎主任会见查德尔顿外长，查主要讲贷款。他说，委内瑞拉金融信誉很好，历来是严肃、负责任的。由于暂时财政困难，委寻求国际支持，特别是中国的支持。

曾主任提出我方赴委人员签证和安全问题，希望委予以解决。查德尔顿允抓紧解决。

唐家璇外长与查德尔顿会谈。亲切、热情、友好、深入，在国际问题上共识极多。应查德尔顿要求，唐外长扼要介绍了中美关系。

唐外长提及落实项目，签证，安全，效率问题，提出商签司法援助和引渡协定、投资保护协定，在多边场合相互支持等建议，查德尔顿表示完全赞成，将提请总统责成有关部门研办。

一〇六

上海申博成功，举国欢腾。

查德尔顿外长热烈祝贺。

一〇七

得悉委罢工不止，形势骤紧。反对派强逼提前大选，石油战线重起动乱。风传有可能再次发生政变。

一〇八

如委政局继续恶化，我必须提前返馆。

我早有准备。工作为重，公务第一。

为国家利益计，但愿不出现“迫使”我必须提前返馆的局面。

一〇九

此次回国后尚未出京，未见到外地情况，但仅从北京观察，祖国变化之大令人叹为观止。白天，一派繁华景象，夜晚美不胜收。发展、进步、繁荣令我们这些作为使者长期驻外的人深感自豪，每当静思时，心底一股暖流油然而生。有强大的祖国做后盾，我们心里踏实，有底气，对外讲话铿锵有力，掷地有声。为了祖国，为了人民，我辈当更加奋发努力，献光献热。

一一〇

北京降下今年第一场雪。雪花飘飘洒洒，树木楼房，银装素裹，煞是好看。

一一一

部决定我提前返馆，三天后动身。

外交官是文装解放军，令行禁止。“军情”紧急，我的位置应当在第一线。

一一二

到馆。

非常时期，非常举措。一路上颇有“风萧萧兮易水寒，壮士一去兮不复还”之感。当然不至于“不复还”，但也是一条义无反顾之路啊！

一一三

《国家报》、《宇宙报》散布谣言，诬称委政府把巨额资金“存在中国”，被中国用来在委石油上投资；指称查韦斯政府为中国人提供便利，近一年来有“大批中国人非法进入委内瑞拉，中国外交官到机场迎接”，并说这些中国人“身穿文装，实为军人”。

“消息”登在“谣传”栏内，做贼心虚，但用心险恶，目的在于煽动对华不满情绪，破坏中委合作。

一一四

12月31日，除夕。

查韦斯总统电话，欢迎我述职归来，并谈及：

一、请向江泽民主席、中国政府和人民转达新年问候和良好祝愿。

二、他本人和委内瑞拉把中国的发展视为对委的最大鼓舞。

三、他即将启程赴巴西出席卢拉总统就职典礼，希望会见中国政府特使。

四、回国后约我详谈。

除夕夜。万“炮”轰鸣，百“花”齐放，虽多事之秋，依然有节日气氛。但两种“硝烟”在夜空中飘荡，令人感慨。何日能安享太平？委内瑞拉兄弟们，还不该认真想一想吗？

第五章 惜 别

天下没有不散的筵席，但有历久弥新的友谊。三年相处是短暂的，但却见证了国际风云的变幻和两国关系的发展。查韦斯远去了，但他的音容笑貌长留在我的记忆里。

一

2003年1月1日，出席巴西总统卢拉就职典礼的中国特使，交通部长张春贤会见查韦斯，双方亲切友好交谈。查盛赞中国取得的伟大成就，感谢江主席和中国政府对委内瑞拉局势的理解和支持，重申高度重视委中战略合作伙伴关系，表示将为合作项目的实施提供一切必要的保障，希望中国扩大在委石油业的投资。

二

往见门德斯副外长。彼告：

一、斗争还将持续。经济损失严重，石油工业所遭受的破坏将导致委内瑞拉经济三年零增长。政府正在努力恢复生产，已初见成效，但不会很快，因为需要重组队伍，培训技术人员，严格检修设备。原油产量已经恢复到170万桶/日（破坏前最高为300万桶/日），炼油在80万桶/日（正常水平为100万桶/日），油轮13艘，已收回9艘。

二、反对派目前被工会、商会和石油公司原高层以及少数政客组成的极右派控制，理智派意见不起作用。这些人为了达到夺权目的不择手段，甚至会铤而走险。媒体作用极坏。他们的号召力有限，能动员起来的大约有五六十万人，且

“厌战”情绪滋生，已成强弩之末。

三、据可靠统计，全国的政治活跃分子约700万人，其中拥护政府者450万，反对派约250万，另有近千万的“沉默的人”。“4·11政变”期间，这些“沉默的人”为查韦斯重返总统府起了重要作用。力量对比很清楚。反对派口口声声要求提前大选，实际上他们连统一的候选人也推举不出来，各党都要求推选自己的人。他们坚持要查韦斯下台，实际上，查韦斯总统一下台，他们赖以维系联合的“牌”没有了，立刻就会如鸟兽散，甚至互相争夺。

四、目前几个关键问题是：第一，在维护宪法秩序问题上，政府不能退让，否则国将不治；第二，石油公司已成“国中之国”，必须打破；第三，提前大选，在宪法范围之内可以做。

三

反对派组织“向‘伟人广场’进军”活动，被拥查派和军队阻止，有冲突，但无大事。

工会领袖奥尔特加声称，不是鼓动军队“拿起武器上战场”，而是号召军人“该动手时就动手”。

查韦斯总统在会见美洲国家组织秘书长加维里亚时说，如果形势迫使他采取特别措施，他将依法行使权力，但不会轻易宣布进入特别状态。他说，号召抗税是煽动犯罪，必须严惩。

四

查韦斯在《你好，总统》电视节目中重申：如果形势需要，他将毫不犹豫地采取强硬措施。

反对派声称，如果宣布特别状态，将号召百姓不服从。

五

见《国家报》社长、委报业巨头奥特罗，就日前该报刊登污蔑中国的“谣传”事进行交涉，要求该报公开澄清，以正视听。奥特罗说，“谣传”专栏是一个“不值得重视”的栏目，读者都知道那些消息是不负责任的。我表示不能接受这样的解释，因为此次被造谣的是中华人民共和国，他是神圣不可侵犯的。事关中国声誉和中委关系，刊登此类谣言，也严重损害《国家报》形象，不能不了了之。奥特罗表示歉意，承诺刊登此次谈话以作弥补。他还表示将派记者就两国关系对我进行专题采访。

六

在奥尔特加煽动下，银行工会宣布罢工48小时。

七

见总统办公厅主任马丁内斯将军和外事顾问托罗，就当前形势和双边关系交换意见。

八

有人向阿尔及利亚使馆投掷手榴弹，幸未伤人。黎巴嫩使馆接到威胁电话。唯恐天下不乱。要警惕有人挑起国际事端。

九

查韦斯在圣卡洛斯市说，必要时将命令军队接管食品厂和仓库，以打破资本家的恶意垄断，保证市场供应。他还警告私营电视台遵守法律，否则将受到法律制裁。他针对反对派控制的加拉加斯大区警察与中央政府抗衡的行为严厉指出：中央政府已经一忍再忍，到忍无可忍时将采取严厉措施。

一〇

反对派控制的首都大区政府以“警力不足”为由，决定撤走保护外国使馆的警察。

一一

军方查抄首都大区警察违例配备的“长武器”（步枪、冲锋枪、猎枪）数千件。大区政府无计可施，宣布取消对使团和银行提供的警卫，借以压中央政府让步。

一二

据报道，一项范围较大的民意检验结果表明：要求查韦斯辞职，把国家动乱的责任完全归咎于查韦斯、认为罢工能解决问题的人越来越少，而认为反对派同样应对动乱负责的人越来越多。

一三

美洲国家组织秘书长加维里亚在厄瓜多尔首都基多宣布“委内瑞拉之友小组”成立，由巴西、智利、西班牙、美国、墨西哥、葡萄牙组成。“小组”的任务是“支持美洲国家组织的工作，寻求委内瑞拉危机的民主、法制、和平解决方式”。

一四

查韦斯向全代会作国情咨文报告，使团应邀旁听。

主要内容如下：

一、2002年是改革进程深化的一年，是战斗的一年。“4·11政变”造成严重后果，但也强化了革命进程。委内瑞拉变革是拉美变革的一部分。事实证明，拉美寻求正义、平等的潮流势不可挡。

二、在争取公正、平等、均衡的原则问题上绝不后退一步。革命是唯一的道路，无退路可走。

三、关于“友好小组”，查说：

委内瑞拉的朋友遍天下。

委不能接受局限性极强的、少数国家组成的“友好小组”。

委不接受任何人的保护。

“友好小组”成员必须了解委内瑞拉国情，否则将是庸医误人。

国际社会必须承认委有合法政府。在委不存在两种具有同等合法性的力量，而是一个合法的、民主选举的政府与一股法西斯分子、政变分子和恐怖分子之间的斗争。

与这股势力不能谈判，而是战而胜之。

将再赴巴西与卢拉总统商谈“友好小组”的组成。

四、希望有一个严肃的反对派、希望有识之士承担起反对派的领导责任，提出不同的纲领和思想。搞公投，搞修宪，不应由政府推动，而应由反对派提出并争取实现。

五、宣布已启动对两家私营电视台的惩处程序。下阶段将是媒体之战，这一仗一定要打好，因为有些媒体是恐怖加工厂。

一五

国民警卫队奉命查抄瓦伦西亚一家饮料厂和一家面粉厂，开始实行强制保证市场供应的计划。

一六

查韦斯政府可能在考虑中止“谈判”，以表明在维护宪法问题上绝不让步的强硬立场。政府开始实施一系列强制手段，可能导致局势朝着更加紧张的方向演变。

一七

美国前总统卡特与查韦斯和反对派接触，继续推动“和谈”。他宣布将就修宪和罢黜性公投问题提出具体建议。从查韦斯在会见后的表态看，卡特建议似是一个可被双方接受的折中方案。

与委内瑞拉—加勒比商会主席谈食品合作计划。对方根据总统关于打破垄断的思想，与我探讨面向委和加勒比市场的战略合作计划，以确保对包括军队在内的食品供应。计划拟建立东、中、西和玛岛四个储运中心，着眼长远，逐步完善。

一八

总统府通知，查韦斯总统将于×月×日11时见我。

一九

主要反对党民主行动党主席克拉乌迪奥·费尔明发表讲话说，政府和反对派都要冷静反思，以寻求摆脱危机的出路。他抨击查韦斯应对动乱负主要责任，也公开批评反对派中的激进分子成事不足，败事有余。

费尔明的讲话说明反对派营垒并非铁板一块。

工会领袖奥尔特加对人们指控他煽动无休止的大罢工，使劳动者深受其害作出辩解，说大罢工不是工会一家发起的，“全社会”都参与了，形势失控，非工会一家之责。

部长会议授权财长和央行停止汇市交易5个工作日，以制止美元冲击本币的投机行为和外汇储备大量流失（每天5900万美元）的危险局面。目前外汇储备已降至110亿美元。

最高法院选举庭裁决：现有全国选举委员会构成不符合宪法，故其所做一切决定无效。根据此项裁决，选举委员会在反对派控制下宣布的2月2日举行公投的决定被取消。国会将任命新的选举委员会。

最高法院还裁决：宪法第350条关于公民有“反抗权”的规定，是为在发生军事政变等违宪行为的情况下为捍卫宪法秩序而设的特殊权利，不能作为无视合法公权力的借口。

二〇

查韦斯在全国广播电视联播节目中说，2002年是“防守年”，2003年是“进攻年”，但政府将继续推行“和平友爱政策”，包括对“对立面”。

二一

诺布列加财长宴请。席间，对方再次提出希望提供政府贷款，并请求中国银行按国际市场价格提供数额较大的商业贷款，委愿以原油或油田担保。

诺说，目前外汇储备为110亿美元，宏观经济应急基金为28亿美元。从委经济规模看，每天货币供应量4500万美元为正常，6000万美元为极限，9000万美元为危险线。当前问题是有出无进，原油出口量大减，本周日出口量已下降到50万桶/日（正常为200万桶/日以上）。

二二

会见查韦斯总统改为晚上10点，在总统小办公室。彼以咖啡、三明治招待，名曰“共进晚餐”。他开玩笑说：“大使兄长，好在你已经习惯了，这就是我的晚餐。”

他对控制局面显得很有信心，谈笑风生，鲜有忧虑之色。他说，随着时间的推移，反对派越来越涣散无力，国内支持者厌战，国外支持者怒其不争。政府在政治上坚持维宪，推动和解，经济上恢复生产，保证供应等措施已见成效。美国虽不可能改变立场，但至少在表态上也不支持动乱。

他说，“委内瑞拉之友小组”可以在国际上发挥支持宪法秩序的作用，但既是“委内瑞拉之友小组”，就应当有更多的对委友好的大国参加，特别是中国、俄罗斯应当成为这个小组的成员。

他强调，在当前形势下，落实委中合作项目无论在政治上和经济上都具有重要意义，希望双方都看到这个工作的紧迫性，抓紧进行。

他说，昨天财政部长所谈贷款问题，是根据他的指示表述的，希望中方尽快给予肯定的答复。

二三

《宇宙报》刊登署名评论“趋利盟友”。文章说，查韦斯常炫耀自己是中国、俄国、巴西、厄瓜多尔、利比亚的“盟友”，但实际上这些国家的领导人都认为本国利益和安全高于友谊，不可能为与查韦斯的友谊而冒使本国受损的风险。在谈到中国时，作者说中国看中的是委内瑞拉，而不是与查韦斯的友谊。

二四

全国商业联合会等行会组织正在研究“放松”罢工，实即开门营业。越来越多的商店已经开门。

航运协会宣布本周恢复营运，保证装运进出口物资的船只重新停靠委港口。

美国citgo公司从去年12月到今年1月已经装卸委原油19船，总计1500万吨，相当于去年同期装油量的60%。（去年美国市场占委原油出口总量的50%）

企业界难以承受长期罢工造成的损失，“无限期罢工”将逐步不宣自灭。

全国主教会议主席波拉斯红衣大主教说，目前局势不能再继续下去了，国家不能生活在无限期大罢工之中。应停止罢工，恢复正常。他指责“越来越革命”的进程，声称并非所有政治选择都是可以被接受的。

梵蒂冈“圣使”杜普依说，人的尊严高于一切，当人的尊严受到践踏时，教会要出面干预。如国家背离了公共利益的要求，它就必须改弦更张。

二五

各界要求停止罢工的呼声日高，工会内部也有重要人物主张“灵活化，理智化”和改变策略。工会召开特别执委会研讨对策，激进派仍占上风，但“不同声音”日益强劲。

最近接触一些朝野人士都主张提前大选，认为这是解决危机的唯一出路。多数认为提前大选对查韦斯有利。据报界公布的民调结果，查韦斯支持率为35%，远高于其他政界领袖。美国官方调查显示，自罢工以来，查韦斯支持率上升4个百分点，目前已达到40%，而反对党领导人最高的只有22%。

二六

出席哥伦比亚大使宴请，兰赫尔副总统、总检察长和国家石油公司总裁罗德里格斯出席。

罗德里格斯介绍原油生产情况。他说，目前日产为150万桶，下周可达200万桶，4月份完全恢复正常（日产300万桶）。几个炼油厂正逐步恢复生产。

兰赫尔副总统说，此次罢工使政府认真思考了石油对委究竟意味着什么，我们对于石油与国家安全与防务的关系有了进一步认识。我们面临两种选择：要么国家真正主导石油工业，要么国家失去安全与防务。迄今为止，我们是一个不设防的国家，如果我们同另一个国家发生冲突，我们将被碾成粉末，因为我们未能控制自己的主要工业。一定要明确在这个问题上的定位。石油工业权在谁手，决定着国家和民族的命运。

二七

查韦斯在阿普雷州发表讲话说，2003年将是“很困难的一个好年头”，但他承认，目前政府没有钱给医院、学校和基础建设工程，1月份几乎发不出工资。他指责说，这都是由于那些搞政变和罢工的人造成的。

二八

美联社评论认为，查韦斯在争夺石油工业控制权方面得分，且正在逐步击败罢工，银行业界决定恢复正常营业，大商场宣布将缩时开门，小商店、学校、政府机关、公交系统正常运转，石油产量逐步回升。但委石油工业已遭严重破坏，损失达40亿美元，完全恢复需要几年时间。

反对派举行“声援媒体”游行，警告政府不要动媒体。

二九

2月1日癸未年（羊年）正月初一

在驻在国动荡的紧张气氛中过年，别有一番滋味在心头。嘱办公室同志创造一种欢乐、祥和的节日气氛，让大家过好年。

结果很好，大家很高兴。

“友好小组”成员国副外长级代表团分别会见总统和反对派，敦促委朝野做出让步以达成和解。代表团发表公报称，任何解决办法都应该是“宪制的、民主的、和平的、选举的”，应由委内瑞拉人“自主决定”。

查德尔顿外长发表谈话重申：选举出路必须在宪法框架内，由反对派去争取人民支持；政府绝不能自己搞垮自己，不会在谈判中支持罢黜总统，也不会支持旨在缩短总统任期的修宪。

“民主协调组织”宣布，应“友好小组”要求，决定自2月2日起把罢工改为“限时上班”，但石油工人不复工。

陆军第三师师长交接仪式。新任师长席尔瓦少将明确表示：军队应毫不犹豫地捍卫合法产生的合法政府。

三〇

反对派在全国各地举行“签名”活动，内容包括不承认查韦斯为总统，举行公投，修宪等。目的在于显示“号召力”。此外，这也是对支持者们的一个交代：当初，他们以“2月2日举行公投迫使查韦斯下台”为口号发动大罢工等抗议活动，日前被最高法院裁定无效，支持者信心受挫，必须再造声势。

“民主协调组织”领导人宣布已经得到400万人签名，9月份前一定可以举行“罢黜性公投”推翻查韦斯。

查韦斯在《你好，总统》电视节目中再次宣布今年是“进攻年”，将在政治、经济、社会领域和国际上对“极端反对派”采取攻势。他宣布原油产量已经达到180万桶/日，出口已经恢复；天然气产量已经达到4亿立方米/日。

三一

兰赫尔副总统代表政府向加维里亚递交了对卡特建议的答复，坚持8月19日后举行罢黜性公投，认为这最符合宪法，也最简单可行。

反对党人民联盟主席莱德斯马倡议：面对可能举行的提前大选，反对派应当推出“唯一候选人”。但基督教民主党等认为现在谈论此事为时尚早。

三二

查韦斯向全国宣布新的货币兑换制度，主要内容如下：

一、确定美元与本币兑换率为：买价1美元：1590玻利瓦尔；卖价1美元：1600玻利瓦尔。

二、将采取限制外汇出境措施，只允许必要进出口和正常旅游开支限额换汇。

三、成立外汇管理委员会。

四、规定违法惩罚措施。

查韦斯同时宣布对生活必需品和基本服务实行限价制度。

他在讲话中历数“政变分子”一年多来的犯罪行为，宣布要给予法律制裁。

三三

应查韦斯总统之邀，与他同乘专机前往巴里纳斯州出席以给当地农民“分地”为主要内容的“萨莫拉计划”启动和中国农机交接仪式。中国国机集团总裁任洪斌同行。

活动选在远离城市，无电无路，隐于密林之中的哈科亚地区举行。下飞机后改乘越野车，一路颠簸，煞是辛苦。“萨莫拉计划”的受益者都是无地农民，真正“赤贫”，对查韦斯给他们土地，帮他们组织合作社并分发农机感激不尽。会场气氛热烈，“查韦斯万岁”呼声不绝于耳。查韦斯到百姓中间如鱼得水，拥抱亲吻，互致问候，完全出于自然。此情此景，着实令人感动。

查韦斯在大会上讲话盛赞中国的成就和对委的帮助。现场分发的中国农机只有20多台，但在当地百姓看来，这些农机代表的是中国，是中委友好合作，是他们衷心爱戴的领袖送给他们最珍贵的礼物。

作为中国大使，此时此刻我感到的是温暖，是自豪，从心底里也非常感谢这些农机的提供者——中国机械装备集团及其下属的中国农机公司和中工国际。谢谢你们，你们为祖国赢得了友谊，赢得了朋友，出了力，争了光。

往返途中，查韦斯再次与我就贷款和合作项目问题交换意见。

三四

查韦斯利用外国使团团拜之机，借用使团长（梵蒂冈大使）引用教皇“真理、正义、博爱、自由”的讲话，讲古喻今，回顾委内瑞拉饱受殖民统治的历史，阐述“玻利瓦尔革命”消灭贫穷的宗旨，揭露反对派利用舆论工具制造动乱的实质。讲话内容丰富，很有哲理，使节们兴趣盎然，普遍认为很有说服力。

三五

《宇宙报》在不显著位置刊登民调机构“资料分析”社长维森特·莱昂的谈话。他说，不搞过激化行动则不可能迫使查韦斯下台；靠暴力，搞政变也不行，因为查韦斯有军队支持。最有效的办法是“不服从”。

反对派组织声援石油公司被解雇职工大游行，号称50万人参加。

三六

“民主协调组织”发表声明，重申要求修宪，但不拒绝政府提出8月份公投的方案，要求早日签订协议。

工会保持压力声称将组织包括“进军观花宫”的24路大游行。

三七

宴请生产贸易部长和农业部长。他们对恢复经济很有信心，希望在农产品加工机械、进口食品和发展工农业生产等方面同中国合作。

三八

元宵佳节，皓月当空，对月沉思，感慨万千。此月历经千万年，见证过多少沧桑巨变；方知与时俱进实为颠扑不破之真理。

晶莹玉盘挂九天，
普照寰宇千万年。
夕起朝落常反复，
见证大地换人间。
古人未见今时日，
今人难逢百年圆。
莫负今朝好时代，
与时俱进谱新篇。

三九

媒体报道：

玻利维亚因古柯种植问题引起社会动乱，姆利略广场骚乱造成33人死亡。古柯种植农要求德洛萨达总统辞职。

哥伦比亚暴力行动升级，日前发生刺杀乌里韦总统未遂事件。

可见安地斯地区形势不稳，委内瑞拉动乱并非孤立之事。

四〇

《委华报》报道，巴里纳斯州发生哄抢华侨商店事件。我请武官与国民警卫队司令联系了解情况，对方称有4家商店，一家饭馆被抢，当地国民警卫队已派人到现场维持秩序。我与内政部长联系，该部负责安全的副部长答复称正在调查。17:45，内政部警察事务协调总局局长阿苏亚海军上校报告，确有4家华侨商店被抢，其中两家被洗劫，一家被烧。事件起因是商品售价超过政府限价，引起居民不满，市长召集市民和商家开会，商家未到，遂发生哄抢。当地警察很少；内政部急调国民警卫队增援，已逮捕17人，事态已平息。

事件发生在总统故乡萨瓦内塔市（镇），该地是反对党占优势地区。是否有人出于政治目的而挑事？不得而知。但护侨是使馆天职，必须全力、全心而为。

要注意今后还会发生此类事件。须提醒侨胞依法自保，并要确保与委有关当局保持联系畅通，要求他们保证我侨民安全和合法利益。决定派商务参赞陈玉明和领事毛铁金前往萨瓦内塔看望被抢华侨并了解情况。

四一

政府与反对派签署《反对暴力，争取和平与民主宣言》。双方承诺努力消除对立和暴力气氛，相互尊重，尽一切努力和平解决分歧，寻求民主的宪制的出路。

这是双方谈判了3个月达成的第一个协议。虽无具体承诺，也不可能解决一切问题，但让久受动乱的委内瑞拉人松了一口气，看到一线希望。

四二

反对派扬言，为了迫使政府兑现承诺，将不会放弃“街头斗争”以保持压力。

宴请门德斯副外长和巴西、阿根廷、哥伦比亚、俄罗斯、菲律宾大使，了解对《宣言》的看法。使节们一致认为具有积极意义，标志着政府趋向务实，反对派内反对暴力的“理智派”正在逐渐占上风。大家都认为反对派很难推出一个统一的候选人；都对委经济形势感到悲观。

四三

欧盟外交事务专员表示，欧盟将拨款帮委改善选民登记和计票程序等工作，并愿派人协助调查“4·11政变”真相和解除民间武装。

秘密警察拘捕了激进派领导人费尔南德斯。据悉，检察官也签署了逮捕工会领袖奥尔特加的命令，但尚未行动。

四四

第49法庭开庭审理费尔南德斯案。“4·11政变”第一案，国内外万人瞩目。庭审历时12小时，大大超过预计时间。经过激烈辩论，主审法官宣布合议庭审议结果，判定费尔南德斯犯叛逆罪和煽动犯罪罪，否决检察官主诉的破坏罪、结党罪和叛国罪。

此案象征意义大。法官宣判被告有罪无罪，标志着对“4·11政变”及其策划者的法律定性。审判结果，使“反查派”感到沮丧和威胁。各私营电视台为支持被告无罪造势整日，但得知结果后调门立即下降。

美国、西班牙政府对审判结果表示“失望”，委总统府、全代会、外交部分别发表声明反驳，指出这是一个主权国家的司法部门对纯属内政的犯罪分子进行的独立审判，任何外国政府无权干涉。

四五

宴请能矿部长和国家石油公司总裁。他们对石油工业恢复进度表示非常乐观和自信。我就两国能源合作中几个有待解决的问题与部长、总裁协商。部长允尽快签批有关减免乳化油项目矿业资源税的文件。

四六

见查韦斯总统。国内同意提供贷款，我打电话给查韦斯总统，他非常高兴，约我晚上去谈。

晚11时到总统办公室。一见面，长时间强有力的热烈拥抱后，他说：“因为我们是兄弟，我把你当成我的编外部长了，这么晚请你来谈，又没有美食招待，真是对不起。”我也半开玩笑地说：“总统阁下如此亲切待我，这是我的荣幸。你的咖啡和三明治就是最好的美味。”他哈哈大笑，命令副官“马上上咖啡”。看得出，今天他心情格外好，显得轻松、自在。可能是由于我给他带来的好消息，也可能与白天的审判有关。

与上次谈话相比，总统对政局演变的看法更显乐观和自信。他说，以《和平、民主协议》的签署和今天的法庭宣判为标志，政局正在按政府的计划发展。经济形势的好转也令人鼓舞。对政府来说，当前最重要的是抓住时机，牢牢掌握主导权，争取大多数，打击、孤立极少数，适度惩办个别极端分子，尽快实现和解与稳定。我不怕选举，适当的时候将举行公投，用人民的决定让反对派无话可说。

我谈及最近发生的华侨商店被抢事件，对在委华侨华人和中资机构人员的安全问题表示忧虑。总统说，已接到有关报告。内政部已经派出调查组到巴里纳斯州等地进行调查，并部署军警加强保护措施。

离开总统府时已经是午夜12:50，却毫无倦意。每次谈到双边关系，查韦斯总统都是同样热情、亲切和真诚；而如此详细具体地关切我旅委侨胞的安全，更令我感动。

四七

凌晨，西班牙使馆和哥伦比亚领馆被炸，现场留下署名“玻利瓦尔解放军”的传单。反对派指称系政府所为。此事蹊跷，迷雾一团。

应约往见加拉加斯市长贝尔纳尔。对方提出希望同中国进行污水处理和城市公园改造等城建项目合作。

四八

宴请委军方领导人。国防部长普列托上将率最高指挥系统全体成员（武装力量总监、联指司令、三军总司令）出席，仅陆军司令在赴宴前被总统召见而未能到场。阵容之大，实属罕见。将军们对当前政局的看法及对查韦斯倡导的“和平革命”进程的态度完全一致，对查韦斯的拥戴和忠诚溢于言表。部长特别强调石油工业关系到国家安全，军队有义务依法捍卫。

四九

美国白宫发言人抨击查韦斯“点火式”的讲话“完全没有必要”，并暗示查的讲话是昨天爆炸事件的“导因”。

不结盟国家首脑会议发表声明支持查韦斯，敦促和平解决分歧。

激进反对派开会，声称罢工、游行、签名等行动均无效，最有效的办法还是军队出面干预，一举推翻查韦斯政权。

宴请教育、文化、体育部副部长及委内瑞拉青少年交响乐团团长等，主要商谈该团访华事。由于经费和团员学业原因，5月份去访可能有困难。

五〇

拜会内政部长林孔，谈使馆安全、华侨商店被抢、部分侨胞合法居留权等事。部长说，查韦斯总统明确指示内政部等相关部门协调解决这些问题，将抓紧做工作尽快落实。

“民主协调”内部分歧日益显露。集中表现在提名统一候选人问题上。几个主要反对党都明确表示，“民主协调”从事的是政治斗争，因此，领导权分配、统一候选人提名，均应以政党为主，工会、商会等社会组织不应成为主角。

五一

马拉开波发生汽车爆炸事件。

连日来，此类恐怖活动有升级之势。

五二

查韦斯总统在《你好，总统》电视节目中谴责恐怖活动，重申政府在打击各类恐怖主义行为方面绝不手软。

五三

委媒体协调一致地散布查韦斯政府支持、庇护哥伦比亚反政府武装的消息，甚至说哥游击队司令已经进入两国边界委内瑞拉一侧的密林中。委报还报道，美国政府指称哥伦比亚毒品有向委边境转移，经委进入美国之势。

五四

约请两家侨报负责人座谈，介绍使馆为护侨所做工作，对侨团和侨报提出几点希望，中心是希望侨胞加强团结，依法自保；希望侨报服务侨胞，体察侨情，反映侨意，温暖侨心，应当成为介绍祖国和侨乡进步的园地，沟通侨胞—侨团—使馆的桥梁。

五五

内政部移民局长罗梅罗中校奉部长之命来谈，我要求委政府取消所有歧视中国人的规定，并尽快解决部分来委多年尚无合法居留权的华侨面临的困难。罗梅罗局长表示将在加强调研基础上努力解决问题。

五六

分别约见财政部长和能矿部长，谈贷款和扩大石油合作问题。两位部长态度均十分积极，看来有望达成协议。

五七

报载：美国大使夏皮罗见兰赫尔副总统，表示美政府愿意为委反恐提供帮助。他说，连日来委发生多起恐怖袭击事件，说明有恐怖分子存在，有恐就要反恐。

五八

查韦斯总统约见，偕中石油委内瑞拉公司祝总同往。

总统再次对我提供贷款表示感谢，希望增加贷款数量。他说，在能源领域扩大同中国的合作是一个战略决策，即使没有贷款也要合作，因为委认定中国是真正的朋友，委中合作最符合委的长远利益。他表示提供新油田问题可以先签合作意向书，但不要等完全落实再提供新贷款，因为委急需资金。

五九

反对派联合体“民主协调组织”经数度磋商，决定成立政治委员会、执行秘书处和政策—行动领导小组等机构，旨在保持团结和协调共同行动。19个政党和工会、商会联合会等非政府组织及媒体参与其中。“政治委员会”为最高协调机构，有各党派代表35人组成。委员会第一次全会讨论推选统一候选人事，因无一党放弃而未果。

六〇

宴请陆军司令卡尔内罗中将及陆军总监、参谋长等。卡是老朋友，任陆军三师师长时即多有交往。性格爽朗豪放，典型的军人作风，与查韦斯总统过从甚密，系心腹爱将。

将军们坚定拥查，对反对派强烈反感。他们认为反对派貌合神离，各怀私念，难成大器，即使提前大选，查将必胜。他们承认财经形势很困难，军队经费捉襟见肘。

部分激进派组织公开声明与“民主协调”“拉开距离”，因为与政府谈判是“浪费时间”，是“幻想”。

六一

中石油代表团与委财政部长签署贷款谅解备忘录，同国家石油公司总裁签署关于进一步扩大合作的意向书。

乳化油项目的两个遗留问题：矿产税和专利使用许可也基本解决。

很好。双方受益，平等互利，这是中委合作的基础。

六二

委外交部发来关于铁路项目的政府间补充协定及附件草案。对方对“政府贡献”（实为无偿赠与）要价甚高，除“从商务合同中扣除的一笔款项”外，仅要中方支付购买枕木、金属桥梁、石料等项开支即达580万美元，超过合同总金额（1.8亿美元）的3%。

六三

由被除名的国家石油公司高管人员和技术工人组成的“石油人”组织在法国和挪威使馆前游行示威，抗议两国同委政府和石油公司新领导层谈判开发几块油田。法国大使表示这只是经济技术合作，法国没有理由成为拥查派或反查派。

已及法国，可能及我，要有所准备。真的要来，以礼相待，理直气壮。

六四

工会领袖奥尔特加进入哥斯达黎加使馆要求政治避难。

至此，“4·11政变”三个主要人物中，两个流亡国外，一个锒铛入狱。这段“历史”总算有了结论。

六五

“民主协调”主要成员，长期执政的民主行动党新任总书记亨利·阿留波强烈攻击“公正第一”、“委内瑞拉计划”等反对党搞“财阀政治”和“肮脏、罪恶小动作”，借“民主协调”的平台达到不可告人的目的，是民主行动党的“死敌”。他说，上述政党目前与民主行动党同在“民主协调”，只是暂时的一致，不可能是真正的联合。

六六

美国助理国务卿Stuble会见兰赫尔副总统时表示，美相信委内瑞拉人能够解决自己的问题，美国只能从旁相助。谈判进程虽慢，但还是有成果的。

六七

委报载：美国《华尔街日报》首次指称查韦斯与卡扎菲、卡斯特罗、哥伦比亚游击队及其他恐怖主义组织有联系，说“中东恐怖主义国家人员加强了查韦斯为控制委局势而建立的机构”。

六八

美国总统小布什向萨达姆发出48小时最后通牒，箭在弦上，一触即发，伊拉克战争已不可避免。

六九

举世关注伊拉克局势。

一个国家的总统下令另一个国家的总统离开自己的国家，否则就要消灭之，什么逻辑？强权政治，以至于斯，公理何在？

七〇

委外交部办公厅主任约谈，只是为提醒乳化油项目中的钻井服务应按合同规定使用委本国公司。

向项目中方负责人吕功训了解得知，合同确有此规定，但委公司技术、设备水平均低。告吕注意掌握，不要授人以柄。

七一

炮声隆隆，导弹升空，伊拉克战争打响了。

反战、和平是世界人民的共同愿望，但美国一意孤行，无人能够制止。这就是世界的现实。

七二

查韦斯总统发表讲话，说这是“又一场鞭挞世界的战争”，呼吁和平解决国际冲突。

兰赫尔副总统谴责这场战争是对联合国和国际法的沉重打击。

七三

查韦斯总统在《你好，总统》电视节目中强烈谴责美国在伊拉克使用智能炸弹滥杀无辜，指出这种侵略行为是“不可容忍的”，呼吁联合国秘书长制止战争。

七四

反对派多数人主张集中力量回应政府提出的“罢黜性公投”，一举击败查韦斯。

七五

接家乡——天津市蓟县县委书记孙振清同志来信，介绍故乡的发展变化，勾起游子思乡之情。激情之下，成小词一组，回赠振清书记：

思故乡·调寄《忆江南》

故乡好，千年古渔阳。北上长城跨峻岭，南下翠湖鱼米乡。怎不思故乡？

故乡念，最念是盘山。山下秋实红似火，峰顶春华颂烈贤。何日携孙还？

故乡变，旧貌换新颜。才送绿标飞四海，又建现代工业园。能不盼明天？

思故乡，梦里常相望。四十二载经风雨，不辱使命好儿郎。最爱是故乡！

七六

据了解，委外交部国际合作司官员认为，在实施铁路等项目中，应要求中方“企业和政府都作出贡献”。这是一个值得注意的倾向，搞得不好，我方要吃大亏。必须向对方讲清：中国政府指定某国营企业承建某项目，该企业所作贡献即政府的贡献，不可能有双重“贡献”。

要提醒执行项目的中国企业注意，委方主管国际合作的政府部门的态度，对项目进展具有举足轻重的作用。要做好这些部门人员的工作，和他们交朋友，让他们了解合作的意义和中国人的行事准则：重信守诺，珍惜友谊，但在原则问题上不能轻易让步。

七七

查韦斯再次发表讲话谴责美国发动伊拉克战争。他说，打破国际格局，搞弱肉强食、强者至上是非常危险的。世界上任何国家——这次是美国——都无权决定别国政府是好还是坏，更无权侵略别国和轰炸居住着妇女和儿童的城市。

查说，在委内瑞拉，有人希望自己的国家也被侵略，认为在伊拉克之后该轮到查韦斯了。这是不道德的表现。我们要大声疾呼：要祖国，也要主权！委内瑞拉是一个主权的、自由的国家，决不能允许任何外国来侵犯。

七八

国会第一副主席古铁雷斯告，美国使馆最近做的一项民意测验表明，查韦斯支持率高达48%，远远高于反对派领导人。

七九

《国家报》报道，全代会外委会主席蒙托亚号召议员们不要批准中国向委出口集装箱检查系统的补充议定书，因为该议定书有许多“不正常内容”，会给委财政造成重大损失。他还声称，如果议会批准这个议定书，他将向更高层“揭露真相”。

据报道，这是继向古巴售原油协议之后，在国会受到非议的第二个国际协议。蒙托亚有可能举行记者招待会公开表态。

事态严重，且蒙托亚等人有意把事闹大，目的是把这个合作项目搞“黄”。

这个项目决不能“黄”！因为：

第一，这是中国对委内瑞拉，甚至对整个拉美出口高科技产品的“第一单”，意义重大。清华大学以康克军教授为首的一批专家学者从1997年开始“大型集装箱检查系统”产业化的艰辛之路。他们精心设计，反复比较，采取最科学的方案，艰苦奋战，终于研制成世界上第一台采用加速器技术的移动式集装箱检查系统产品样机，系统性能达到国际领先。这个团队继续探索，再攀高峰，研制出组合移动式集装箱检查系统，创下了小型加速器体积与美国产品相同，辐射泄露防护性却高出一个数量级的奇迹。

这个系统与美国、德国产品相比，主要优势在于以辐射成像技术为核心，将核技术、计算机、控制、精密机械等集于一体，可广泛应用于海关及边检口岸，对出入境货运车辆进行非侵入性检查，是打击走私、贩毒、非法运送枪支弹药的重要技术手段，高效快速，图像清晰，质量高于世界上仅有少数竞争者。

这是我国高科技产业化的一面旗帜，一经进入国际市场，即显示出强大的竞争力，在国际市场上所占比例迅速攀升。与委内瑞拉的合作起点高，委一次购买17台，是一个罕见的大单子，有可能对打开拉美市场起带动作用。事关祖国声誉，事关把我国高科技产品推向拉美，推向世界，怎能稍有懈怠？即以经济价值而论，17套设备4700多万美元，也不是小数。经过两年多的努力，目前已到最后冲刺阶段，成败关系重大，必须全力以赴，只能成功，不能失败。

第二，委政府下决心批量采购这个系统，既有推动委中战略合作之意，更是为了自身的利益，是查韦斯政府为加强反毒、反走私、反非法贩运武器的能力，维护国家发展和安全而作的重要决策。这个项目从一开始就受到来自各方面的攻击。因而造成这个项目一波三折，很不顺利。如今，曙光在望，怎能得而复失？事关中委战略合作，事关双方综合利益，必须挺身而出，据理力争。

第三，清华同方核技术公司的领导和全体人员，在这个项目的全过程中表现出中国知识分子爱国、奉献、严谨、勤奋的作风和锲而不舍的精神，令人敬佩。从康克军教授，到胡海峰、陈志强、苗齐田、栗志军等公司高层，再到普通的工作人员，一脉相承，是一个无坚不摧的钢铁团队。我到任后见到的第一个公司老总就是清华同方核技术公司的苗齐田副总。他是一个科学家，大知识分子，但朴素得像一个乡村小学教师。每逢项目进展有大的变故，我要求公司领导来委商谈，他都是两天内即赶到，在欧洲某机场8个小时等待转机，连续飞行赶到加拉加斯，手提一个现在已很少见的黑色塑料提包，谁也想不到里面装的是能够为国家创造千百万外汇的智慧的结晶。作为使节，怎么能不为这样一群人们的劳动成果鼓与呼？

下午，我与蒙托亚通电话，对他在外委会上的表态表示关切，并简要介绍了协议内容、设备性能、优惠条件、售后服务。蒙托亚说他未向报界发表过任何有关此事的讲话。他原拟明天举行记者招待会，目的不是非议同中国签订的协议，而是揭露海关总署在一次招标中出现的不正常现象。他表示自己永远珍惜同中国政府和人民的友谊，不会做任何伤害委中友谊的事。他表示可暂时不举行记者招待会，将继续了解情况，待从外地回首都后同我面谈。

八〇

继续就蒙托亚攻击集装箱检查系统项目事做工作。与普奇、阿尔坎塔拉、科雷亚等政界要人通话，约请一批反对党议员共进晚餐。所有谈话人都对蒙托亚的做法表示不满和不解，保证支持同中国的合作。

重要的是力阻制造丑闻，使人真伪难辨；也要防止形成先例，在所有对华合作项目上都设置障碍。

八一

威廉·萨伯告，全代会外委会二读通过集装箱检查系统政府间补充协议，5票赞成，2票反对（其中包括蒙托亚）。

八二

查韦斯发表讲话，指出，在目前条件下进行的美洲自由贸易区谈判对委和拉美—加勒比国家不利，因此，委可能不在墨西哥会议文件上签字。他呼吁在平等条件下同世界其他三大洲谈判政治、经济问题及和平与战争问题，主张在美洲实现玻利瓦尔倡导的一体化。他说，随着拉美农民、土著人、中小企业主和工人逐步认清美洲自由贸易区的本质及其对各国人民的巨大威胁，在整个大陆定将掀起群起而反对的巨浪。

八三

蒙托亚举行记者招待会，攻击中国提供的集装箱检查系统“设备、技术落后，价格奇高，且是私人企业制造”。他煽动人们“认清这个协议对国家的危害”。

恶意的污蔑，纯粹的谎言，必须公开还击了。

我主动约请委内瑞拉通讯社、国家电视台、全球电视台、《国家报》等媒体到办公室采访。我以中委两国国旗为背景正襟危坐，用最准确、清晰的语言，就协议内容、产品优势、价格比较、售后服务、技术转让作了全面阐述，突出强调中国与委内瑞拉的合作是在完全平等基础上的互利合作，协议条款全部透明、合法合规，毫无“不正常”之处；我国国有企业提供的集装箱检查系统技术水平和性能世界领先，且在委内瑞拉已进行多次演示和评估；中国产品的价格只相当于美国同类产品的三分之一，但辐射泄露防护性能和检查效果却远远超过美国；我国企业以最优惠、最开放的条件提供售后服务和技术转让。

我指出，所有这些情况都有据可查，所有对中国产品的攻击和对中委政府间补充协议内容的歪曲都是不实之词。因为不了解情况而产生疑惑可以理解，而毫无根据地造谣并坚持错误的立场则是别有用心。我表示希望委内瑞拉各界朋友了解真相，维护和珍惜给双方都带来利益的中委合作。

八四

赴瓦伦西亚为中文学校赠书并会见华侨，就大家关心的安全和居留问题进行对话，效果很好。

八五

在卡姚市出席索萨·门德斯金矿恢复生产项目开工典礼。我在讲话中强调今日仪式的意义在于宣告中委合作项目在正常进行，这是近两年双方合作项目中正式开工的第一个。委方对中国企业为当地提供就业，使在水中浸泡44年的尾矿复活并将带动农业发展表示十分满意。

八六

邀集旅委各地侨领开会聚餐，谈政局及有关侨胞福祉的问题。议定5月份成立“旅居委内瑞拉华侨全国联合会”（全委侨联）。

八七

两派都举行集会纪念“4·11政变”一周年。拥查派欢庆，反查派“哀悼”。

查韦斯在集会上说，发生在去年4月11日—14日的事件提供的主要经验教训之一，是军民团结的重要性。一年前靠军民团结粉碎了政变，今后如再发生类似事件，仍将靠军民团结击败之。他说，反对派现在只能期盼罢黜性公投，“我如在公投中失败，则将离任重新走上街头，再次在选举中上台”。他否认有突然宣布提前大选计划，重申一定要把玻利瓦尔革命进行到底。

八八

“非典”影响很大，必须实事求是地做好外宣工作。

八九

石油公司报告，委驻华使馆暂停办理来委签证，会影响我技术人员来委行程。电话询问委外交部领事司长约瑟琳大使，她说驻华使馆只是缩短每天受理签证时间，主要为限制广东恩平移民。她允采取措施防止影响项目进展。

九〇

应约见门德斯副外长谈铁路项目补充协议事，力争不另签协议，以简化审批手续；如一定要签，条件应由双方商定。

九一

会见全代会对华友好小组主要成员。对方以小组名义递交一封信，表示支持集装箱检查系统项目。商定把小组与使馆的聚会机制化，每两个月一次，以利沟通。

应充分肯定对方积极性，支持该小组发挥作用。

九二

美国总统拉美事务特别代表Otto Reieh和助理国务卿Stuble再次公开对查韦斯施压，为委反对党“打气”，赞扬其“为民主作出贡献”。

九三

往见外交部礼宾司代司长，递交新大使提名征求同意照会。

九四

首都街头两派工会大游行。“拥查派”要求减少失业，增加工资；“反查派”要求举行公投。声势都不小。反对派一人被打死。

总统宣布自7月1日起最低工资增加10%，10月1日起再增加20%。

九五

最近针对中国移民、合作项目的谣言四起，有的耸人听闻。看来有人幕后捣鬼。要警惕，必要时予以驳斥，但要防止被炒热。

九六

向全代会转交我全国人大捐赠的电脑。利用机会向媒体就“非法移民”和“非典”辟谣。

九七

查韦斯总统来电，对我将离任表示“惊讶”，问是否“另有重用”。他说：“你怎么能在这样的时候离开我们？如果另有重用，我不阻拦；如果不是，我可否向江泽民主席提出挽留你？”我感谢他的友情，以诚相告这是正常调动，是执行中国有关制度的规定，请他理解，不要挽留。不管到哪里，不管做什么工作，我都永远是委内瑞拉的朋友，是查韦斯的朋友，“正如你在去年4月12日凌晨给我打电话时所说的那样”。话说至此，我们都动了感情，沉默了片刻。他说：“我要用特殊的方式，亲自为你授勋”，我表示感谢。

委外交部复照同意居一杰大使提名。

与陈参赞谈项目问题。

争取行前再办成一两件事吧，但也只能是尽力而为，水到渠成。

九八

宴请执政党领导成员。看来党内对公投、提前大选、委美关系等问题上仍有不同意见。多数人认为提前大选最稳妥，但查韦斯坚持兑现搞“罢黜性公投”的承诺，认为虽有风险，但不可怕。

九九

礼宾司长告，外长将于5月26日开始的一周内为我授勋并宴请。

给两家侨报发信，向侨胞告别。

一〇〇

外交部礼宾司通知：总统决定5月16日在苏克雷州举行群众大会为我授勋。

这是一个突如其来的决定，因为外国大使离任按惯例由外长授勋，且外交部已通知外长授勋时间。查韦斯作了特殊安排，不能否认是为我，但根本上是为中国，为委中友谊。

使节离任，得此殊荣，夫复何求？

一〇一

向玻利瓦尔故居小额捐款，用于修复油画《玻利瓦尔在钦博拉索山上》。钱不多，但对方很重视，举行了隆重的捐款仪式。画修复后，将配上刻名纪念牌。

一〇二

查韦斯总统指示：在苏克雷州图那普依村举行群众大会为我授勋。

我和夫人应总统邀请，与他同乘专机前往，同行的还有门德斯副外长等。在苏克雷机场换乘直升机前往图那普依，在一片茂密森林外再换乘越野车，在一条起起伏伏的乡间公路上行车20分钟到达会场。

会场早已站满身穿红色T恤的第五共和运动党党员和支持者。红旗、彩旗飘扬、锣鼓、欢呼声震天。查韦斯一出现，全场沸腾，人们涌上前来和他握手问候。查韦斯一如既往，见到老百姓总有说不完的话。从下车处到主席台，不足500米的距离，走了20分钟。

一排洛阳拖拉机厂制造的中国大马力拖拉机停在会场一侧，非常引人瞩目。

仪式开始，州长致欢迎词后，查韦斯总统讲话。他向欢呼的群众行军礼致意，示意大家静下来。他大声问："同志们，伙计们，你们知道这些拖拉机来自何方吗？"人们大声答道："中国！"他说："是的，来自中国，毛泽东的中国，江泽民的中国，我们最伟大的友好之国——中国！""我们为什么把这些拖拉机放到这里呢？因为我们举行这个大会，是为了欢送中国人民的使者，尊敬的江泽民主席的使者王珍大使。他也是我的兄长，他陪伴我们度过了欢快的日子，也度过了最困难的时光。我不愿意让他走，你们也不愿意让他走。但是，外交官如同军人一样，令行禁止，没有选择。我在这样一个仪式上为他授勋，这是他应当得到的荣誉；同时，我也是为了让他记住，委内瑞拉人民热爱中国，永远同中国人民站在一起，是中国人民的好朋友，好兄弟，王，我的兄长，不要忘记我们！"他振臂高呼："中国万岁！委内瑞拉万岁！友谊万岁！"全场跟着高呼。这呼声震天动地，山林回响。

他郑重地请我走到主席台中间，把委内瑞拉最高级别勋章之一"弗朗西斯科·米兰达一级勋章"挂在我的胸前，把绶带戴到我的脖子上，把证书送到我手中。长时间热烈的拥抱，雄健有力地拍肩膀。全场响起经久不息的掌声。

我致答词。刚说了一句"尊敬的乌戈·查韦斯总统，我亲爱的朋友和兄弟"，泪水流下来，声音哽咽了。又是一阵长时间的掌声。我表示感谢总统和委内瑞拉人民给予的殊荣，把这视为对中国人民的深情厚谊。我简单回顾了在任三年的经历和体会，强调互尊、互信、平等、互利是中委面向共同发展的战略合作伙伴关系的基础与核心。我在结束讲话时说："亲爱的朋友们，我就要回国了，但我并没有离开你们，因为我们的心永远在一起。亲爱的乌戈，我尊敬的总统，我亲爱的兄弟，我永远铭记你的真诚，你的情谊。我们永远是朋友，是兄弟。"

在往返旅途中，查韦斯和我又谈了很久，很多，把所有合作项目都梳理了一遍。他决定在我离委前安排乳化油和输水管道两个项目的开工仪式，约我一起参加。

一〇三

总统出席政府和几个公共交通业联合会及工会签订“和平民主协议”仪式。他在讲话中说，“4·11政变”后，他本可以逮捕一批人，但未那样做，而是采取了宽容的态度。他强调国人之间，特别是不同政见之间应相互尊重，求同存异。现政府与过去历届政府的根本区别在于过去代表“精英”，而现在是自下而上的革命。

一〇四

惜别（三首）

——致《委华报》兼赠旅委侨胞

一

急令飞来召我归，时如流水不复回。
三十三年可圈点，此时最好忆往昔。

二

当年持节来委京，今日整装备东行。
功过是非已成史，任由诸君做点评。

三

三年相处蒙厚爱，同胞手足亲意浓。
今朝惜别勿悲切，来日神州叙别情。

一〇五

承蒙查韦斯总统关照，海军司令派专机送我和夫人及武官等到拉奥尔奇拉岛过了一个很有意义的周末。这是加勒比海上一颗明珠，该岛之妙，一在风光：沙滩细如米，白如雪，柔如絮；静静的海湾犹如一个天然泳池，水平如镜，清澈见底，鱼游浅底，鸟戏长空，天人合一，浑然天成。历经千年的珊瑚化石奇形怪状，随手可拾。该岛之妙，二在人文：去年“4·11政变”，查韦斯被困于此近三天，后在士兵帮助下与外界联系获救。自此该岛史上留名。

离委前到此一游，是一个很好的纪念。

一〇六

继续离任拜会。见老友总检察长、审计长。

一〇七

应来委培训的我国特种兵学员之请题词如下：

身在异乡为异客，千锤百炼佳话多。

勿忘双肩担重任，学成绝技好报国。

一〇八

国际评级公司把委主权债务等级从“发展”提高为“稳定”，理由是大罢工停止，外汇管制加强，表明委政府政治地位加强；石油生产恢复，使经济出现转机。

一〇九

辞行拜会兰赫尔副总统。

一一〇

西班牙大使夫妇设宴送行，巴西、阿根廷、智利、秘鲁、乌拉圭、摩洛哥、意大利等使节和外长办公厅主任出席。都是朋友，情意切切，四海之内皆兄弟。这是外交官生涯中幸事之一。

一一一

政府和反对派签署协议，双方承诺在宪法框架内和平解决危机。这是双方所能做出的最大限度的妥协和所能接受的最低条件，是一年多来政局演变的必然趋势和力量对比变化的结果。尽管一纸协议不可能彻底解决危机，但总归有了一个约束，是好事。

委可能从此进入一个政治生活基本正常的新阶段，这有利于政府稳下心来抓经济和社会发展。

国内外反应良好。

一一二

查德尔顿外长单独宴请送行。

一一三

出席全委华人华侨联合会主席冯雪茂老先生宴请，来自全国多地的100多位侨领出席。承蒙侨胞厚爱，对我所做工作赞誉有加，愧不敢当。我祝旅委侨胞幸福安康，事业发达。

一一四

接受委内瑞拉国家通讯社采访，谈三年体会，展望中委关系。

一一五

接受国防高等研究院授予的荣誉勋章和证书。

一一六

主持在全代会举行的“中国文化周”开幕式，并在全代会“礼仪厅”作题为“中国的改革开放”的报告。这是中国文化周首次在全代会举办，也是外国使节首次在全代会“礼仪厅”作报告。“礼仪厅”是专门为外国元首、政府首脑或议长来访时举行欢迎仪式的地方。

一一七

在国家电视台接受专访，向委内瑞拉全国人民辞行，并介绍双边关系。

一一八

举行离任告别招待会。总检察长、审计长、代外长、科技部长、军方领导人、多国使节、各界人士、华侨代表等共480人出席。兰赫尔副总统原拟出席，因主持部长会议而未能到场。与各界友人一一惜别。

一一九

主持最后一次馆务会，回顾工作，并作临别赠言。朝夕相处，甘苦与共一千多个日日夜夜，特别是在那些血雨腥风的日子里共同战斗，人非草本，孰能无情？一朝惜别，难以自控。大家都流了泪。我祝愿同志们不断进步，为祖国的外交事业作出更大贡献。

出席基础设施和社会保障部副部长贝利塞家宴。这是一个委内瑞拉少见的好客家庭，每次去做客，女主人都要拿出精心制作的美味佳肴招待，离开时还要给你带走一些。以在这样一个充满友谊与温馨的家庭里相会而结束在委生活，实在也是一件很有缘分的事，给我留下美好记忆。

一二〇

应邀在法尔孔州帕拉瓜纳市**出席查韦斯总统主持的《你好，总统》电视节目**。查韦斯利用这个机会，正式宣布由中国承建的西部输水项目启动。他把我和专程从国内赶来的中国机械装备集团总裁任洪斌同志，中国国际工程承包股份公司董事长罗艳女士、中国银行信贷部总经理胡风春女士介绍给在场群众。查韦斯说，这个工程关系到法尔孔州居民日常用水和工业用水，具有极其重大的经济和社会意义，它证明委中合作是真正利国利民的合作。

查韦斯宣布工程启动之后，我和任总、罗总等与他告别离开会场。这可能是我离委前最后一次见他了，心里充满惜别之情。在热烈的掌声中，我和查韦斯亲切拥抱，我说了几句告别的话，但他似乎是忘记了我即将远行，轻轻地、像每次告别一样地说："很快就会再见。"这就是查韦斯。

我和国机集团及其下属的中工国际有着不解之缘。我清楚地记得，我到委后正式参加的第一场公共活动，也是递交国书后第一次与查韦斯一起出席的大型活动，就是在马拉凯举行的中国农机移交仪式。当时任总还是国机集团下属二级公司——中国农机公司的总经理。2002年7月，我和查韦斯作为"见证人"，出席了中工国际与委环境部签署法尔孔输水工程一期合同的仪式，罗艳董事长与委环境部长在合同上签字。这是一个合同金额达3亿美元的大项目。是除石油项目外，我国在委承包的第一个大项目。工程包括约180公里大口径钢管供货与安装，以及取水头和沿途三座净水厂的设计、供货和建设。整个工程沿线自然环境极差，施工条件艰苦。在国机集团高层领导的指导下，中工国际采用了最科学的管理和运作方式，与当地政府及工程技术人员建立了良好的合作关系，保证了供货和工程质量，拉动了当地内需，增加了当地民众就业，树立了良好的社会形象，使委内瑞拉政府、民众和企业界增加了对中国的认识。我和使馆党委一直把这个项目作为中委合作过程中的一个样板。任总、罗总多次到工程现场指导工作，他们身上那种开拓进取的精神和严谨的工作作风，给我留下了深刻的印象，我同他们结下了深厚的友谊。

晚上，赫苏斯·蒙蒂利亚州长为我举行授勋仪式，授予我当地最高荣誉“胡安·克里索斯托莫·法尔孔元帅”勋章，以表彰我为该地区所作贡献。仪式结束后，州长和夫人举行盛大晚宴招待我和夫人以及任总、罗总一行。晚宴上，我又见到了我们的“干女儿”玛丽娅·何塞，她更加漂亮、活泼、可爱，演讲天才和小政治家的禀赋表现得更加淋漓尽致。将来有一天，如果她成为议员、州长、部长乃至委内瑞拉第一任女总统，我都不会感到惊讶。

在委三年，我关心两国合作的所有项目，但由于项目本身的重要性和我本人的感悟，我最关注的、付出心血最多的是石油、集装箱检查系统和法尔孔输水管道。以与这些项目有关的活动为出使委内瑞拉画上句号，对我是一个莫大的满足和安慰。我祝愿这些项目成功且不断光大，祝愿主持参与这些项目的人们万事顺遂，事业兴旺发达。

一二一

晚上出席中石油委内瑞拉公司联欢晚宴。这些同志不怕苦，不怕累，甚至不怕死，甘于奉献，为确保国家的能源供应立下了汗马功劳。三年来，我走遍了该公司所在的各个油田，了解他们的酸甜苦辣，同他们一起寻找解决问题的办法，他们把我当做“自己人”，不见外，不客套，极真诚。他们取得的每一个成绩都给我的工作增加了动力和支撑。我祝愿他们为国家再立新功，更祝愿他们安全、健康。

一二二

使馆送行晚宴。同志们，不要难过，我们还会见面，说不定哪一天我以其他身份重返委内瑞拉。和大家共事很愉快，大家对我们很关照，我们铭记在心。使馆任务重，驻在国仍处多事之秋。祝大家工作顺利，也希望大家注意健康，注意安全。回国的时候别忘了去看看我们。

来吧，让我们为祖国、为友谊，为健康干杯！

一二三

2003年6月13日，离馆。别有一番滋味在心头，酸酸的，苦苦的，说不出来的感觉。

起飞。透过舷窗鸟瞰加拉加斯，又见城里的高楼，通往机场的高速公路，四周山上的贫民窟……

再见了，加拉加斯！祝愿你摆脱游行示威的喧嚣，恢复久违了的安宁。

再见了，委内瑞拉！祝愿你尽快实现和平，和解与和谐，把自身无穷尽的资源变成推动发展的巨大财富，你的前途应当是光辉灿烂的。

再见了，查韦斯，我的朋友！祝愿你永远保持“平民总统”的风格，善于总结经验教训，勇于调整，与时俱进，青史留名。

再见了，我亲爱的同志们，同胞们！祝愿你们幸福安康，前程似锦。

后　记

我很珍惜这本拙著。因为它虽然平淡无奇，但却记录了一段真实的历史，抒发了一位老外交官对祖国的忠诚，对事业的执著，对朋友的真诚，对同志的情感，对事物的观察，对人生的态度，对自己的要求。它是真实的，朴素的，能感动自己的，发自内心深处的语言和文字。公开发表它，是为了对其中涉及的人和事的永恒的纪念。

在本书编写和出版过程中，得到许多同志的热情关心和大力帮助。外交战线的老领导李肇星同志，张德广同志写了序，为这本书增光加彩；外交部办公厅，拉美司和其他有关部门的司处领导审核把关确保了本书的质量；世界知识出版社的车胜春编辑呕心沥血；还有年轻的朋友们帮我整理打字……在此对他们表示衷心的感谢。

清华同方威视技术股份有限公司对本书的出版给予了无私的支持，在此一并表示真挚的谢意。

作　者

图书在版编目（CIP）数据

我与查韦斯：一位中国大使的深情回忆 / 王珍著. —北京：世界知识出版社，2014.1

ISBN 978-7-5012-4580-2

Ⅰ. ①我… Ⅱ. ①王… Ⅲ. ①查韦斯（1954 ~ 2013）—生平事迹②中外关系—国际关系史—史料—委内瑞拉 Ⅳ. ①K837.747=6②D829.774

中国版本图书馆CIP数据核字（2013）第288005号

责任编辑 车胜春
责任出版 赵 玥
责任校对 张 琨

书　　名 **我与查韦斯　一位中国大使的深情回忆**
Wo yu Chaweisi　Yiwei Zhongguo Dashi de Shenqing Huiyi
作　　者 王 珍
出版发行 世界知识出版社
地址邮编 北京市东城区干面胡同51号（100010）
网　　址 www.wap1934.com
印　　刷 北京京科印刷有限公司
经　　销 新华书店
排　　版 北京世知文化创意有限公司
开本印张 720×1020毫米　1/16　12印张
字　　数 204千字
版次印次 2014年1月第一版　2014年1月第一次印刷
标准书号 ISBN 978-7-5012-4580-2
定　　价 39.00元